भारत
में
प्रौढ़ शिक्षा

लेखक की पुस्तकें

भारत में प्राथमिक शिक्षा

भारत में नारी शिक्षा

भारत में प्रौढ़ शिक्षा

भारत में प्रौढ़ शिक्षा

जे. सी. अग्रवाल

विद्या विहार, नई दिल्ली

प्रकाशक : विद्या विहार, 1660 कूचा दखनीराय, दरियागंज, नई दिल्ली-110002
सर्वाधिकार : सुरक्षित / संस्करण : 2017 / मूल्य : दो सौ पचास रुपए
मुद्रक : नरुला प्रिंटर्स, दिल्ली ISBN 978-93-86871-13-8

BHARAT MEIN PRAUDH SHIKSHA (Adult Education in India)
by Dr. J.C. Agrawal ₹ 250.00
Published by Vidya Vihar, 1660 Kucha Dakhni Rai,
Darya Ganj, New Delhi-110002

आमुख

प्रस्तुत पुस्तक में प्रौढ़ शिक्षा की समीक्षा अंग्रेजी काल से लेकर वर्तमान काल तक की गई है; परंतु वर्तमान पर विशेष जोर दिया गया है।

समय-समय पर नियुक्त की गई समितियों, आयोगों और विशेषज्ञ दलों ने प्रौढ़ शिक्षा के विकास के लिए जो महत्त्वपूर्ण उपाय बताए हैं, उन सबका संक्षिप्त विवरण यहाँ प्रस्तुत है।

स्वतंत्रता-प्राप्ति के पश्चात् शिक्षा के सभी क्षेत्रों में विस्तारात्मक तथा गुणात्मक प्रगति हुई है। इस संदर्भ में विशेष ध्यान देने योग्य तथ्य यह है कि भारत में जहाँ 1901 में केवल 5.35 प्रतिशत व्यक्ति साक्षर थे, वहाँ 1991 में 52.11 प्रतिशत। वर्ष 1970 में केवल 20 प्रतिशत प्रौढ़ साक्षर थे, परंतु 1995 में 52 प्रतिशत। इस पुस्तक में उन सभी कार्यक्रमों का विवरण दिया गया है, जिनके कारण इस प्रकार सफलता मिली। साथ ही उन सभी खामियों पर भी पर्याप्त प्रकाश डाला गया है, जिनके कारण हम निर्धारित लक्ष्यों तक पहुँच नहीं पाए। इन त्रुटियों को सुधारने के उपाय भी प्रस्तुत किए गए हैं।

साथ ही जब हम संसार के अन्य देशों के प्रौढ़ शिक्षा संबंधी आँकड़ों से तुलना करते हैं तो कुछ निराशा का आभास होता है। पुस्तक में दिए गए एक सौ नब्बे से ऊपर देशों के प्रौढ़ साक्षरता संबंधी आँकड़ों के विश्लेषण से ज्ञात होता है कि एक सौ चालीस से भी ऊपर देश इस दिशा में हमसे आगे हैं। अनेक देशों के शत-प्रतिशत प्रौढ़ साक्षर हैं; जबकि भारत में केवल 52 प्रतिशत। प्रौढ़ शिक्षा के राष्ट्रीय विकास में महत्त्व को देखते हुए स्थिति चिंताजनक है। स्पष्ट है कि प्रभावी नीति तथा अभियान की अत्यंत आवश्यकता है।

इस बात का भरसक प्रयास किया गया है कि पुस्तक में नवीनतम शैक्षिक आँकड़े तथा तथ्य हों। भारत संबंधी आँकड़े तथा तथ्य मानव संसाधन विकास मंत्रालय, भारत सरकार के प्रकाशनों से लिये गए हैं।

विश्व में प्रौढ़ शिक्षा की स्थिति के बारे में आँकड़े यू.एन.डी.पी. द्वारा प्रकाशित 'डेवलपमेंट रिपोर्ट–1997', यूनेस्को द्वारा प्रकाशित 'एजुकेशन फॉर ऑल–1997', यूनिसेफ द्वारा प्रकाशित 'राष्ट्रों की प्रगति–1997' तथा 'संसार में बच्चों की स्थिति–1998' से लिये गए हैं। मैं इन सभी प्रकाशनों के प्रकाशकों तथा लेखकों का हृदय से आभारी हूँ।

विश्वास है कि यह ग्रंथ प्रौढ़ शिक्षा में रुचि रखनेवाले सभी अध्येताओं के लिए उपयोगी सिद्ध होगा।

—जे.सी. अग्रवाल

अनुक्रमणिका

प्रौढ़ शिक्षा का अर्थ एवं उद्देश्य

प्रौढ़ शिक्षा का अर्थ एवं नामकरण

प्रौढ़ शिक्षा, प्रौढ़ साक्षरता, प्रौढ़ कार्यात्मक साक्षरता, प्रौढ़ व्यावहारिक साक्षरता, वयस्क शिक्षा, वयस्क साक्षरता, समाज शिक्षा, मूलभूत शिक्षा, आजीवन शिक्षा, अनवरत शिक्षा, अनुवर्ती शिक्षा, पूरक शिक्षा, सतत शिक्षा, अनौपचारिक शिक्षा, जीवनपर्यंत शिक्षा, व्यावसायिक उन्नयन शिक्षा, सांस्कृतिक उन्नयन शिक्षा, जन शिक्षा, समुदाय शिक्षा, बेसिक शिक्षा, मनोरंजन शिक्षा, चालू शिक्षा—सामान्यत: ये सभी शब्द पर्यायवाची माने गए हैं, यद्यपि इनमें अंतर है। इन शब्दों के विस्तृत अर्थों तथा परिभाषाओं में जाना इस पुस्तक के अंतर्गत उचित प्रतीत नहीं होता, फिर भी इन प्रत्ययों पर संक्षिप्त रूप से आगे चलकर प्रकाश डाला जाएगा।

भारत में समय-समय पर, विशेषकर पंचवर्षीय योजनाओं में, भिन्न-भिन्न नाम दिए हैं—

पहली योजना	:	समाज शिक्षा
दूसरी योज़ना	:	समाज शिक्षा
तीसरी योजना	:	समाज शिक्षा तथा प्रौढ़ शिक्षा
चौथी योजना	:	प्रौढ़ साक्षरता
पाँचवीं योजना	:	प्रौढ़ शिक्षा तथा अनौपचारिक शिक्षा
छठवीं योजना	:	प्रौढ़ शिक्षा
सातवीं योजना	:	प्रौढ़ शिक्षा
आठवीं योजना	:	प्रौढ़ शिक्षा

कोठारी शिक्षा आयोग (1964-66) ने प्रौढ़ शिक्षा तथा प्रौढ़ साक्षरता शब्दावली का प्रयोग किया है। राष्ट्रीय शिक्षा नीति (1968) तथा राष्ट्रीय शिक्षा नीति (1986)

में क्रमशः साक्षरता तथा प्रौढ़ शिक्षा और प्रौढ़ शिक्षा एवं सतत शिक्षा शब्द प्रयोग में लाए गए हैं।

प्रौढ़ शिक्षा को किसी भी नाम से पुकारें, इस धारणा के अंतर्गत निम्नलिखित तत्त्व सम्मिलित हैं—

साक्षरता

स्वास्थ्य शिक्षा

व्यावसायिक शिक्षा

नागरिक शिक्षा

सांस्कृतिक शिक्षा।

भारतवर्ष में प्रौढ़ शिक्षा में साक्षरता पर बल दिया जाता है; किंतु विकसित देशों में, जहाँ प्राथमिक शिक्षा अनिवार्य है, प्रौढ़ शिक्षा का उद्देश्य प्रौढ़ों का व्यावसायिक एवं सांस्कृतिक उन्नयन है।

प्रौढ़ शिक्षा का अर्थ विस्तृत है। साक्षरता तो प्रौढ़ शिक्षा का प्रथम चरण है।

प्रौढ़ साक्षरता—प्रौढ़ साक्षरता का अर्थ है—भाषा की लिखाई, पढ़ाई तथा गणित का साधारण ज्ञान। इसके अंतर्गत सामान्यतया सामाजिक और राष्ट्रीय समस्याओं की जानकारी आदि विषय नहीं आते हैं।

सतत शिक्षा/जीवनपर्यंत शिक्षा—सतत शिक्षा वह है, जो किसी व्यक्ति को अनौपचारिक रूप से जीवन भर प्राप्त हो सकती है। माँ के गर्भ से लेकर मृत्यु अवस्था तक व्यक्ति जाने-अनजाने, प्रत्यक्ष एवं अप्रत्यक्ष अनुभवों तथा औपचारिक व अनौपचारिक शिक्षा साधनों के द्वारा कुछ-न-कुछ सीखता ही रहता है।

सतत शिक्षा के द्वार सभी के लिए खुले रहते हैं, चाहे किसी भी आयु, लिंग, जाति, वर्ण, देश-विदेश का व्यक्ति हो। यह शिक्षा अनेक प्रकार की औपचारिक तथा अनौपचारिक शैक्षिक संस्थाओं से प्राप्त की जा सकती है।

औपचारिक शिक्षा—औपचारिक शिक्षा क्रमबद्ध होती है। यह शिक्षा व्यवस्थित, तर्कपूर्ण तथा योजनाबद्ध ढंग से शैक्षिक संस्थाओं में ही प्राप्त की जाती है, उनके बाहर नहीं। शैक्षिक संस्थाओं से बाहर इसे पूरक किया जा सकता है, परंतु बाहर के साधन शैक्षिक संस्थाओं का स्थान नहीं लेते हैं।

अनौपचारिक शिक्षा—अनौपचारिक शिक्षा वह है, जो औपचारिक शिक्षा की भाँति पूर्णकालिक एवं संस्थागत न हो। यह शिक्षा उन बच्चों एवं प्रौढ़ों के लिए है जो बीच में स्कूल छोड़ जाते हैं या बिलकुल स्कूल नहीं जाते।

इनफॉर्मल अथवा अनियमित शिक्षा—यह आकस्मिक शिक्षा है। इसमें

ऐसे अनुभव आते हैं जिन्हें प्राप्त करने का कोई पूर्व निश्चित स्वरूप या तरीका नहीं होता, किंतु जो जीवन में स्वाभाविक रूप से अकस्मात् मिला करते हैं। इसका सूत्र वाक्य है—'अनुभव सर्वोत्तम शिक्षक है।'

कार्यात्मक साक्षरता—इसका अभिप्राय निम्नलिखित तत्त्वों में निहित है—

1. प्रौढ़ों का पढ़ने-लिखने तथा गणित में ज्ञान प्राप्त करना।
2. प्रौढ़ों का आर्थिक स्थिति और सामान्य कल्याण के सुधार में कौशल प्राप्त करना।
3. प्रौढ़ों का विकास की प्रक्रिया में संगठन और भागीदारी से वर्तमान दशा सुधार की ओर अग्रसर होना।
4. प्रौढ़ों को राष्ट्रीय एकता, पर्यावरण के संरक्षण, महिलाओं की समानता, छोटे परिवार का आदर्श अपनानेवाले मूल्यों को ग्रहण करने के लिए प्रेरित करना।

प्रौढ़ शिक्षा का स्वरूप

गांधीजी ने शिक्षा के विविध पक्षों पर गहन चिंतन किया और अपने विचार देशवासियों के सम्मुख प्रस्तुत किए। जहाँ तक प्रौढ़ शिक्षा के स्वरूप का प्रश्न है, उन्होंने इस प्रकार के कार्यक्रम को 'समाज शिक्षा' की संज्ञा दी। उनके विचार में—'समाज शिक्षा जीवन के लिए शिक्षा है। यह केवल साक्षरता नहीं है। इसमें सभी कुछ सम्मिलित है, जिससे प्रौढ़ों का बहुमुखी विकास हो सकता है।'

1949 में केंद्रीय शिक्षा सलाहकार बोर्ड के पंद्रहवें अधिवेशन में तत्कालीन शिक्षा मंत्री मौलाना अबुल कलाम आजाद ने इस विषय पर इस प्रकार अपने विचार रखे—"समाज शिक्षा से तात्पर्य है पूर्ण मानव की शिक्षा। यह उसे साक्षरता प्रदान करेगी, जिससे उसे विश्व का ज्ञान प्राप्त हो सके। यह उसको बताएगी कि वह पर्यावरण से अपना अनुकूलन किस प्रकार कर सकता है। यह उसकी जानकारी बढ़ाएगी। जिन प्राकृतिक दशाओं में वह निवास करता है, वह उनका सर्वोत्तम प्रयोग किस प्रकार करे। इस शिक्षा का अभिप्राय उसे उत्तम कला-कौशलों तथा उत्पादन की विधियों की शिक्षा देना है, जिससे वह उत्तम आर्थिक स्थिति को प्राप्त कर सके। इसका उद्देश्य उसे व्यक्ति तथा समुदाय दोनों के लिए स्वास्थ्य विज्ञान के प्राथमिक सिद्धांतों की शिक्षा देना भी है, जिससे गृहस्थ जीवन और सामुदायिक जीवन स्वस्थ एवं समृद्ध हो सके। इस शिक्षा द्वारा नागरिकता के पाठ की शिक्षा मिलनी चाहिए, जिससे वह अपनी सरकार को उन निर्णयों के निर्माण में सहायता

दे सके, जो शांति और विकास में योग प्रदान करें।''

के.जी. सैयदेन, जो कि एक उच्च कोटि के शिक्षाविद् थे, के अनुसार, ''प्रौढ़ शिक्षा में राजनीतिक, नागरिक एवं नैतिक शिक्षा भी शामिल हैं।''

प्रो. हुमायूँ कबीर ने अपनी पुस्तक 'एजुकेशन इन न्यू इंडिया' में समाज शिक्षा की परिभाषा देते हुए लिखा है—'समाज शिक्षा के अध्ययन को एक ऐसे पाठ्यक्रम के रूप में परिभाषित किया जा सकता है, जिसका उद्देश्य व्यक्तियों में नागरिक चेतना का उदय करना तथा सामाजिक ऐक्य की उन्नति करना है। समाज शिक्षा वयस्कों में साक्षरता का प्रसार करके ही संतुष्ट नहीं होती है, अपितु जनसाधारण में शिक्षित मस्तिष्क के निर्माण को अपना लक्ष्य बनाती है तथा व्यक्तियों में व्यक्तिगत और समाज के सदस्य के रूप में नागरिकता के अधिकार एवं कर्तव्यों की तीव्र भावना का समावेश करने का प्रयास करती है।'

प्रथम पंचवर्षीय योजना में प्रौढ़ शिक्षा का स्वरूप इस प्रकार दर्शाया गया है—'अगर प्रौढ़ शिक्षा का अर्थ केवल साक्षरता प्रचार तक ही सीमित मान लिया जाए तो इसका दायरा बहुत ही सीमित हो जाता है। इसको विस्तृत करने की आवश्यकता है, ताकि प्रौढ़ों के लिए स्वास्थ्य रक्षा, अपने अवकाश के समय का सदुपयोग और नागरिकता की शिक्षा भी इसमें सम्मिलित कर ली जाए। इस नवीन अभिप्राय को स्पष्ट करने के लिए समाज शिक्षा शब्द का प्रयोग ही ठीक है। व्यापक रूप से इसमें समाज कल्याण के लिए सामाजिक रूप से किए गए सभी कार्य आ जाते हैं। देश में, जहाँ कि अधिकांश जनता अशिक्षित है, इसकी उन्नति की दृष्टि से समाज शिक्षा विशेष महत्त्व रखती है।'

कोठारी शिक्षा आयोग (1964-66) ने प्रौढ़ शिक्षा के स्वरूप को इस तरह देखा—'आज के प्रौढ़ को तीव्र गति से परिवर्तित होनेवाले आधुनिक विश्व का सामान्य ज्ञान होना आवश्यक है। कोई भी राष्ट्र अपनी सुरक्षा का भार पूर्णतया पुलिस या सेना के हाथ में नहीं सौंप सकता। वस्तुतः राष्ट्रीय सुरक्षा पर्याप्त सीमा तक नागरिकों की शिक्षा, विभिन्न मामलों में उनके ज्ञान, उनके चरित्र, उनकी अनुशासन की भावना तथा उनकी सुरक्षात्मक कार्यों में सक्रिय रूप से भाग लेने की योग्यता पर निर्भर है। अतः राष्ट्र की सुरक्षा तथा उसकी उन्नति के लिए प्रौढ़ों को शिक्षित किया जाना आवश्यक है। हमारे देश में प्रौढ़ शिक्षा की और भी आवश्यकता है, क्योंकि भारत की 70 प्रतिशत जनसंख्या लिखना और पढ़ना नहीं जानती है। दूसरे, भारत में लोकतंत्रीय गणतंत्र है, जिसमें प्रौढ़ों को उसकी सुरक्षा एवं उन्नति के लिए महत्त्वपूर्ण कार्य करना है। अतः प्रौढ़ों को शिक्षित

करना परमावश्यक हो गया है।'

नई राष्ट्रीय शिक्षा नीति 1986 में प्रौढ़ शिक्षा का विस्तृत रूप इस प्रकार देखा गया है—'आधुनिक विश्व में शिक्षा द्वारा पढ़ने और लिखने की योग्यता स्वाभाविक रूप से आ जानी चाहिए; क्योंकि यही ज्ञान का मुख्य साधन है। इसलिए प्रौढ़ साक्षरता सहित प्रौढ़ शिक्षा को इतना महत्त्व प्राप्त है।'

नई शिक्षा नीति में जोर देकर कहा गया है—'आज कुशलताओं को सतत रूप से बढ़ाना विकास का महत्त्वपूर्ण मुद्दा है, ताकि समाज के लिए अपेक्षित जनशक्ति के संसाधन उचित किस्म और मात्रा में तैयार किए जा सकें। विकास संबंधी कार्यक्रमों, जैसे—निर्धनता हटाने, राष्ट्रीय एकता, पर्यावरण संरक्षण, लोगों की सांस्कृतिक क्रियाशीलता को बल प्रदान करना, छोटे परिवार के आदर्श का पालन करना, महिलाओं को बराबरी देना आदि में लाभ उठानेवाले लोगों का सहयोग बहुत महत्त्वपूर्ण है। इसलिए प्रौढ़ शिक्षा में ऐसे कार्यक्रम आयोजित किए जाएँ।'

यूनेस्को (1976) ने प्रौढ़ शिक्षा का स्वरूप इस प्रकार दर्शाया है—'प्रौढ़ शिक्षा का तात्पर्य उन सभी संगठित प्रक्रियाओं से है—चाहे उनकी विषय-वस्तु, स्तर तथा विधि कुछ भी हो, चाहे वह अनौपचारिक हैं या नहीं, चाहे वह स्कूल, कॉलेज, विश्वविद्यालय तथा शिशुता की अवधि में प्राप्त हुई प्रारंभिक शिक्षा को प्रतिस्थापित करें या बढ़ाएँ—जिनसे समाज में प्रौढ़ समझे जानेवाले व्यक्ति अपनी योग्यताओं को विकसित कर सकें, अपने ज्ञान को बढ़ा सकें, अपनी तकनीकी व व्यावसायिक योग्यताओं को सुधार सकें और वैयक्तिक विकास तथा संतुलित व स्वतंत्र सामाजिक, आर्थिक एवं सांस्कृतिक विकास में सहभागिता के परिप्रेक्ष्य में अपनी अभिवृत्तियों व व्यवहार में परिवर्तन ला सकें।'

प्रौढ़ शिक्षा संबंधी कुछ विदेशी लेखकों के मत नीचे दिए जा रहे हैं।

ब्राइसन के अनुसार, ''प्रौढ़ शिक्षा में वे सभी क्रियाएँ सम्मिलित हैं, जिनका उद्देश्य शिक्षात्मक है और जिनमें प्रौढ़ अपने जीवन के सामान्य काम करते हुए भाग लें। इन क्रियाओं में प्रौढ़ अपने विकास के लिए अपनी शक्ति का आंशिक प्रयोग करते हैं।''

अर्नर्ट बारकार के विचार में, ''प्रौढ़ शिक्षा अंशकालिक आधार पर दी जाती है, इसलिए इसका देना व्यक्ति के काम तथा रोजगार के साथ-साथ होता है।''

ग्राहम मी तथा हेरल्ड विल्यशायर का कहना है, ''प्रौढ़ शिक्षा का अर्थ है, मुख्य रूप से प्रौढ़ों को सार्वजनिक रूप से दी जानेवाली शिक्षा, जो मुख्य

रूप से व्यावसायिक आवश्यकताओं के अतिरिक्त अन्य आवश्यकताओं की पूर्ति करती है।''

लीलैंड पी. ब्रेडफर्ड ने प्रौढ़ शिक्षा को इस प्रकार परिभाषित किया है, ''प्रौढ़ शिक्षा प्रौढ़ व्यक्तियों तथा समूहों का एक ऐच्छिक, गंभीर तथा प्राय: सुसंगठित प्रयास है जिसमें वे शैक्षिक साधनों के माध्यम से उन सूचनाओं, अवबोधों, अभिवृत्तियों तथा कौशलों को प्राप्त करते हैं, जिनसे उन्हें अपनी व्यावसायिक, अव्यावसायिक, वैयक्तिक, पारिवारिक तथा नागरिक समस्याओं को पहचानने व सुलझाने में सहायता मिले।''

लिवराइट तथा हेगुड के अनुसार, ''प्रौढ़ शिक्षा वह प्रक्रिया है, जिससे किसी विद्यालय में पूर्णकालिक आधार पर नियमित रूप से न जानेवाले व्यक्ति क्रमबद्ध तथा सुसंगठित क्रियाएँ इस उद्‍देश्य से करते हैं कि उनकी सूचनाएँ, ज्ञान, अवबोध, कौशल, श्लाघा तथा अभिवृत्तियाँ बदल सकें अथवा वैयक्तिक या सामुदायिक समस्याएँ पहचानी व सुलझाई जा सकें।''

मोर्गन तथा बंडी ने प्रौढ़ शिक्षा पर इस प्रकार अपना मत व्यक्त किया है, ''प्रौढ़ शिक्षा एक परिपक्व व्यक्ति को कुछ नया सीखने का सचेत प्रयास है।''

पालो फायरे के मतानुसार, ''प्रौढ़ शिक्षा मात्र साक्षरता नहीं है, यह किनारे खड़े मनुष्य को केंद्र में लाने की प्रक्रिया है। सुख-सुविधाओं से वंचित लोगों को सुख-सुविधाओं के केंद्र में लाना ही प्रौढ़ शिक्षा है।''

रींस, फैंसलर तथा हौले के विचार में, ''प्रौढ़ शिक्षा व्यक्ति के तीन पक्षों—व्यावसायिक जीवन, व्यक्तिगत जीवन, नागरिक जीवन—में से किसी एक या अधिक के साथ संबंधित है।''

शिक्षा से संबंधित अंतरराष्ट्रीय आयोग (1972) ने प्रौढ़ शिक्षा के अर्थ, प्रकृति और स्वरूप को इस प्रकार व्यक्त किया है, ''प्रौढ़ शिक्षा को कई प्रकार से परिभाषित किया जा सकता है। संसार के बहुत से प्रौढ़ों के लिए यह उस मूलभूत शिक्षा का विकल्प है, जिससे वे वंचित रह गए हैं। उन सभी व्यक्तियों के लिए, जिन्हें काफी अधूरी शिक्षा उपलब्ध हो सकी है, यह प्राथमिक या व्यावसायिक शिक्षा की पूरक कही जा सकती है। अपने पर्यावरण की नई माँगों के अनुसार अपने आपको ठीक प्रकार से समायोजित करने में समर्थ बनाने की दृष्टि से इसे पूर्व-प्राप्त शिक्षा विस्तारीकरण की संज्ञा भी दी जा सकती है। जिन्होंने उच्च शिक्षा या प्रशिक्षण प्राप्त किया हुआ है, उनके लिए यह अधिक उन्नत शिक्षा के रूप में कार्य कर सकती है। इस प्रकार से यह सभी व्यक्तियों को अपने-अपने वैयक्तिक विकास में पूरी तरह

सहायक सिद्ध होती है। इस प्रकार प्रौढ़ शिक्षा के ये सभी आयाम अपने आपमें काफी सार्थक हैं। हाँ, यह बात अलग है कि किसी देश में किन्हीं आयामों पर अधिक जोर दिया जाता है तो दूसरे में किन्हीं अन्य आयामों पर।''

ऊपर के विवरण से प्रौढ़ शिक्षा के स्वरूप की झाँकी लेते हुए हम इसके मुख्य तत्त्व इस प्रकार देखते हैं—

1. वास्तव में प्रौढ़ शिक्षा का प्रौढ़ों के लिए वही स्वरूप है, जो शिक्षा का है। अंतर केवल इतना है कि इस स्वरूप को प्रौढ़ों की आवश्यकतानुसार ढालना है।
2. प्रौढ़ शिक्षा अंशकालिक है।
3. प्रौढ़ शिक्षा प्राय: उनके लिए है, जिन्होंने किसी विद्यालय में पूर्णकालिक आधार पर नियमित रूप से शिक्षा नहीं ली है।
4. प्रौढ़ शिक्षा और कुछ नहीं, समाज शिक्षा ही है।
5. प्रौढ़ शिक्षा की क्रियाओं का कार्यक्रम लचीला होता है।
6. प्रौढ़ शिक्षा में साक्षरता का तत्त्व सबसे महत्त्वपूर्ण है। प्रौढ़ साक्षरता प्रौढ़ शिक्षा की पहली सीढ़ी है।
7. प्रौढ़ शिक्षा दस्तकारी या औद्योगिक शिक्षा का रूप नहीं ले सकती। हाँ, इसके अंतर्गत इस प्रकार की कुछ व्यवस्था की जा सकती है।
8. ग्रामीण, शहरी अथवा स्थानीय परिस्थितियों के अनुरूप इसके अपने उद्देश्य और ढाँचे में परिवर्तन लाया जा सकता है।
9. प्रौढ़ शिक्षा सामाजिक परिवर्तन लानेवाली सामान्य शिक्षा है।
10. प्रौढ़ शिक्षा व्यक्ति के व्यक्तिगत और सामाजिक, दोनों ही विकासों पर समान बल देती है।

भारत में प्रौढ़ शिक्षा के महत्त्वपूर्ण पक्ष

भारत में प्रौढ़ शिक्षा के महत्त्वपूर्ण पक्ष निम्नलिखित हैं—

1. उन प्रौढ़ों की शिक्षा, जिन्हें कभी भी स्कूल में किसी प्रकार की शिक्षा नहीं मिली है।
2. साक्षर प्रौढ़ों के लिए निरंतर शिक्षा।
3. किनारे खड़े प्रौढ़ को केंद्र में लाने की प्रक्रिया है।
4. सामान्यत: प्रौढ़ शिक्षा सुख-सुविधाओं से वंचित प्रौढ़ों को सुख-सुविधाओं के केंद्र में लाने का प्रयास है।

प्रौढ़ शिक्षा के उद्देश्य

प्रमुख शिक्षाविद् तथा तत्कालीन राष्ट्रपति डॉ. जाकिर हुसेन के शब्दों में प्रौढ़ शिक्षा का उद्देश्य—"विद्यार्थी में आगे के ज्ञान और अधिक कार्यकुशलता की इच्छा, श्रम और अवकाश के अधिक फलप्रद उपयोग की इच्छा, गाँव, नगर या देश के मामलों में अधिक दृढ़ और प्रभावशाली योगदान की इच्छा। संक्षेप में, जीवन में प्रजातंत्र को अनुभव करने की अधिक सामर्थ्य की इच्छा पैदा करना होना चाहिए।"

1949 में इलाहाबाद में होनेवाले केंद्रीय शिक्षा सलाहकार बोर्ड के पंद्रहवें अधिवेशन में बोलते हुए मौलाना आजाद ने प्रौढ़ शिक्षा का उद्देश्य इस प्रकार बताया—"प्रौढ़ शिक्षा का उद्देश्य केवल वयस्कों को साक्षर बनाने तक ही सीमित नहीं होना चाहिए, अपितु इसके अंतर्गत उस शिक्षा को भी सम्मिलित कर देना चाहिए, जो भारत के प्रत्येक नागरिक को लोकतांत्रिक व्यवस्था का विवेकपूर्ण सदस्य बना दे।"

भारत सरकार शिक्षा मंत्रालय ने प्रौढ़ शिक्षा के उद्देश्यों पर प्रकाश डालते हुए लिखा है—'प्रौढ़ शिक्षा की किसी भी योजना का उद्देश्य है कि वह पुरुषों और स्त्रियों को निर्णय और विचार की परिपक्वता प्रदान करे, उनमें उत्तरदायित्व और जागरूकता की भावना का विकास करे और उनके जीवन में उपयुक्त सिद्धांतों को विकसित करने का प्रयत्न करे तथा उनमें ऐसी रुचियों का विकास करे, जिससे वे अपने अवकाश का पूर्ण उपयोग कर सकें।'

संक्षेप में प्रौढ़ शिक्षा के मुख्य उद्देश्य निम्नलिखित हैं—

1. उन प्रौढ़ों को कार्यपरक साक्षरता शिक्षा देना, जिन्हें किसी प्रकार की औपचारिक शिक्षा का पर्याप्त अथवा बिलकुल लाभ नहीं मिला है।
2. उन प्रौढ़ों को कार्यात्मक उपचारात्मक शिक्षा देना, जिन्होंने समय से पूर्व औपचारिक विद्यालय तंत्र को छोड़ दिया था।
3. औपचारिक शिक्षा तंत्र को पूरा करनेवाले विभिन्न प्रकार के प्रौढ़ों को अतिरिक्त शिक्षा देना, ताकि वे अपने ज्ञान तथा कौशल को सुधार सकें।
4. विभिन्न प्रकार के कर्मियों तथा प्रोफेशनल्स को सेवाकालीन, सेवाकार्य संबंधी व्यावसायिक व प्रोफेशनल प्रशिक्षण देना, ताकि उनके कौशलों में सुधार हो सके।
5. देश के प्रौढ़ नागरिकों को आवश्यक सौंदर्यपरक, सांस्कृतिक व नागरिक

शिक्षा देना, ताकि जनजागरण संभव हो सके।

6. प्रौढ़ों में प्रजातांत्रिक मूल्यों के बारे में बोध विकसित करना तथा उनको आधारभूत व्यावसायिक कौशलों से सुसज्जित करना, जो जीवन के लिए आवश्यक हों।
7. प्रौढ़ों को सृजनात्मक चिंतन करने तथा समस्याओं को प्रभावी ढंग से सुलझाने में सक्षम बनाना।
8. प्रौढ़ों में समकालीन समस्याओं तथा सामाजिक परिवर्तनों के आलोचनात्मक अवबोध का विकास करना।
9. प्रौढ़ों में नए ज्ञान, योग्यताओं, अभिवृत्तियों तथा व्यवहार प्रारूपों के अर्जन हेतु अभियोगिता का विकास करना।
10. प्रौढ़ों का व्यक्ति तथा उसके भौतिक व सांस्कृतिक परिवेश के बीच संबंधों के बोध को बढ़ाना।
11. प्रौढ़ों में रीति-रिवाजों तथा संस्कृति में विविधता व उनके प्रति आदर का भाव उत्पन्न करना।

□

प्रौढ़ शिक्षा का महत्त्व तथा आवश्यकता

ज्ञान का गुणगान प्राचीन काल से होता रहा है। 'सा विद्या या विमुक्तये'—विद्या वह है, जो अज्ञान और दमन से मुक्ति दिलाती है। 'विद्या मनुष्य की तीसरी आँख है।' अर्थात् इससे जीवन सफल हो सकता है। 'बिना पढ़े नर पशु कहावे, जग में सैकड़ों दुःख उठावे' वाली पंक्तियाँ प्राचीन काल से चरितार्थ होती जा रही हैं। निरक्षरता के अभिशाप को लोग पहले भी समझते थे। 'माता शत्रुः पिता वैरी येन बालो न पाठितः। न शोभते सभामध्य हंसमध्य बको यथा'—कहकर संस्कृत के विद्वान् निरक्षरता के कलंक से बचने के लिए लोगों को सावधान तथा सतर्क करते आए हैं। गांधीजी ने 'हरिजन' में लिखा—'जनसमूह की निरक्षरता हिंदुस्तान का कलंक तथा शाप है, शर्म है और वह दूर होनी चाहिए।' जवाहरलाल के शब्दों में, ''निरक्षरों से छलकते राष्ट्र में औद्योगिक क्रांति संभव नहीं।''

सामाजिक शिक्षा के महत्त्व और आवश्यकता पर स्वामी विवेकानंद ने इस प्रकार कहा, ''जब तक लाखों लोग भूखे तथा अज्ञानी हैं, मैं हर उस व्यक्ति को जो उनके खर्चे पर पढ़ता है, किंतु उनकी ओर ध्यान नहीं देता, गद्दार मानता हूँ। हमारा सबसे बड़ा पाप यह है कि हम जनता की शिक्षा की उपेक्षा करते हैं और यही हमारी अवनति का कारण है। जब तक भारत की जनता अच्छी प्रकार शिक्षित नहीं हो जाती, अच्छी प्रकार पेट नहीं भरती और जब तक उनकी अच्छी प्रकार देखभाल नहीं होती तब तक राजनीतिक प्रयत्न व्यर्थ है।''

प्रौढ़ शिक्षा द्वारा मानसिक दासता से छुटकारा पाना

डॉ. वी.के.आर.वी. राव ने सन् 1964 में भारतीय प्रौढ़ शिक्षा की सिल्वर जुबली के अवसर पर कहा कि अशिक्षा मानसिक दासता है और यदि हमें मानसिक दासता से छुटकारा मिल जाए तो हमारी आर्थिक दासता भी समाप्त हो जाएगी और

तब ही वास्तव में स्वतंत्र बन सकेंगे, जिसकी आशा से हमने स्वतंत्रता संग्राम किया और अंत में 1947 में सफलता प्राप्त की।

प्रौढ़ शिक्षा तथा आर्थिक विकास

डॉ. वी.के.आर.वी. राव ने अपनी पुस्तक 'एजुकेशन एंड ह्यूमन रिसोर्स डेवलपमेंट' (1966) में लिखा है—'प्रौढ़ शिक्षा और प्रौढ़ साक्षरता के बिना न तो उस विस्तार तथा गति में आर्थिक एवं सामाजिक विकास संभव है, जिसकी हमें आवश्यकता है, और न हमारे आर्थिक व सामाजिक विकास को वह तत्त्व, गुणात्मकता अथवा शक्ति मिल सकती है, जो मूल्य और हितकारिता की दृष्टि से उसे सार्थक बनाए। इसीलिए आर्थिक और सामाजिक विकास के किसी भी कार्यक्रम में प्रौढ़ शिक्षा और प्रौढ़ साक्षरता को प्रथम स्थान मिलना चाहिए।'

प्रौढ़ शिक्षा द्वारा स्वतंत्रता के प्रति जागरूकता

श्री के.जी. सैयदेन के शब्दों में प्रौढ़ शिक्षा का महत्त्व इस प्रकार है—"...जब तक जनता 'निरंतर सतर्कता' के रूप में अपनी राजनीतिक स्वतंत्रता का मूल्य चुकाने को तैयार न हो तब तक वह इस स्वतंत्रता को भी सुरक्षित नहीं रख सकती; और इस सतर्कता के लिए उचित नागरिक तथा सामाजिक शिक्षा की आवश्यकता होती है।"

खुशहाली के लिए प्रौढ़ शिक्षा की आवश्यकता

मोरक्को में यूनिसेफ अध्ययन के दौरान जब एक युवक से पूछा गया कि साक्षरता की जरूरत क्या है, तो उसने कहा कि संसार में कुछ निरक्षर हैं, कुछ पढ़े-लिखे। पहले गरीब रह जाते हैं, दूसरे अमीर हो जाते हैं; पहले सेवक रहते हैं, दूसरे हुक्म चलाते हैं।

देश के साक्षर और क्रियाशील नागरिक ही उसकी सबसे अमूल्य संपदा हैं। केवल इस अवधारणा से भी प्रौढ़ शिक्षा देश के लिए अत्यधिक महत्त्वपूर्ण है, क्योंकि विश्व साक्षरता स्थिति के अनुसार विश्व का हर तीसरा निरक्षर एक भारतीय है। प्रौढ़ शिक्षा के सबसे सीमित अर्थ—साक्षरता—के अनुसार भी देश के चालीस-पचास करोड़ निरक्षर विकास में सबसे बड़ी अड़चन हैं।

अध्ययन व अनुसंधानों से यह तय हो चुका है कि जिस राज्य अथवा देश की साक्षरता का प्रतिशत जितना ऊँचा है, उतनी ही वहाँ की औसत आय अधिक है,

उत्पादन अधिक है, परिवार छोटे हैं, ज्यादा बालक व बालिकाएँ विद्यालयों में आते हैं, मृत्यु-दर उतनी ही कम है, महिलाएँ ज्यादा जागरूक हैं और बच्चों के स्वास्थ्य का स्तर ऊँचा है। साक्षरता व खुशहाली का सीधा संबंध है। यदि ऐसा नहीं होता तो सभी पढ़े-लिखे माँ-बाप अपने बच्चे को निरक्षर ही रखते। ऐसा कोई उदाहरण नहीं मिलता, जिससे यह ज्ञात हो सके कि पढ़े-लिखे माँ-बाप अपने पुत्र/पुत्री को न पढ़ाते हों। इस दृष्टि से पंद्रह से पैंतीस वर्ष के लोग, जो उत्पादकता की आयु सीमा में सबसे महत्त्वपूर्ण हैं, उनका साक्षर होना नितांत आवश्यक है। अन्य लोगों के साथ शिक्षा जगत् के लिए सबसे बड़ा लाभ यह होगा कि वे अपने पुत्र/पुत्रियों को प्राथमिक शिक्षा के लिए भेजेंगे और सार्वजनीन शिक्षा के हमारे प्रयत्न भी सफल हो जाएँगे। बड़ों की शिक्षा का बालकों की शिक्षा से सीधा संबंध है।

संयुक्त राष्ट्र विकास कार्य (यू.एन.डी.पी.) संयुक्त राष्ट्र का एक मुख्य संगठन है, जो कि देशों के विकास में योगदान देता है। यह संगठन प्रतिवर्ष 'मानव विकास रिपोर्ट' तैयार करता है तथा छपवाता है। इसके अनुसार, किसी भी देश के विकास के मूल्यांकन के बिंदु हैं—शिक्षा, प्रौढ़ शिक्षा, प्रति व्यक्ति आय तथा औसत आयु। इस रिपोर्ट से पता चलता है कि सामान्यतः 'दूसरे तत्त्व के समान होने पर', साक्षरता तथा आय का गहरा संबंध है। कुछ अपवाद अवश्य हैं।

निम्नलिखित तालिका से स्पष्ट होता है कि विकसित देशों की साक्षरता दर बहुत ऊँची है।

प्रौढ़ शिक्षा तथा प्रति व्यक्ति जी.एन.पी. का सह-संबंध : कुछ देशों के आँकड़े (1995 के आसपास)

क्र.	*देश*	*प्रति व्यक्ति आय (अमरीकी डॉलर)*	*प्रौढ़ शिक्षा दर*
1.	अफगानिस्तान	250	32
2.	ऑस्ट्रिया	26890	77
3.	बँगलादेश	240	38
4.	भूटान	420	42
5.	कनाडा	19380	97
6.	चीन	620	82
7.	डेनमार्क	29890	99
8.	फिनलैंड	20580	99

9. फ्रांस	24990	99
10. जर्मनी	27510	99
11. भारत	**340**	**52**
12. इटली	19020	98
13. जापान	39640	99
14. नेपाल	200	28
15. नॉर्वे	31250	99
16. रूस	2240	99
17. श्रीलंका	700	90
18. स्वीडन	23750	99
19. स्विट्जरलैंड	40630	99
20. यूनाइटेड किंगडम	18700	99
21. यूनाइटेड स्टेट्स	26980	99

अनिवार्य प्राथमिक शिक्षा के लक्ष्य की प्राप्ति के लिए प्रौढ़ शिक्षा

प्रौढ़ शिक्षा तथा अनिवार्य प्राथमिक शिक्षा का गहरा संबंध है। हमारी स्थिति बिलकुल दयनीय है। यदि हमने संविधान के अंतर्गत प्राथमिक शिक्षा के दर्शाए गए लक्ष्य की प्राप्ति कर ली होती, तो आज हमारे सम्मुख प्रौढ़ शिक्षा की समस्या ही न होती। इसी प्रकार यदि हमने प्रौढ़ शिक्षा के क्षेत्र में सफलता पा ली होती तो अनिवार्य प्राथमिक शिक्षा की समस्या न होती।

अनिवार्य प्राथमिक शिक्षा योजना की सफलता बच्चों के माता-पिता और अभिभावकों के शिक्षित होने पर निर्भर करती है; क्योंकि शिक्षित माता-पिता ही बच्चों के लिए शिक्षा के महत्त्व को समझ सकते हैं। स्कूल जाने से पूर्व बच्चों के मस्तिष्क को स्कूली जीवन के लिए तैयार कर सकते हैं और बाद में भी बच्चों को स्कूल जाने के लिए प्रेरित कर इस योजना की सफलता में अपना योग प्रदान कर सकते हैं। परंतु यदि माता-पिता अशिक्षित होंगे तो न तो वे शिक्षा के महत्त्व को समझेंगे और न ही बच्चों को स्कूल भेजेंगे। स्कूल जाने के लिए प्रेरणा देना तो अलग, वे बच्चों को स्कूल भेजने के कार्य में धन एवं समय का अपव्यय ही समझेंगे। अतः अनिवार्य प्राथमिक शिक्षा योजना को सफल बनाने के लिए सबसे पहले बच्चों के माता-पिता एवं अभिभावकों को शिक्षित करना आवश्यक है। इस कार्य के लिए भी प्रौढ़ शिक्षा की आवश्यकता है, जैसाकि शिक्षाविद् सोहन सिंह के

कथन से स्पष्ट होता है—'प्रौढ़ शिक्षा का यह बहुत बड़ा उत्तरदायित्व है कि वह ऐसे सभी माता-पिताओं में, जिनके बच्चे स्कूल जाने योग्य अवस्था के हैं, ऐसी भावना विकसित करे कि वे अपने बच्चों को स्कूल भेजना अत्यंत आवश्यक समझें तथा जहाँ तक उनकी सामर्थ्य हो अपने बच्चों को विद्यालय की शिक्षा दिलाएँ।'

राष्ट्रीय विकास के कामों में साक्षर प्रौढ़ों का योगदान

देश के विकास के लिए समय-समय पर अनेक योजनाएँ चलाई जाती हैं; जैसे—राष्ट्रीय बचत योजना, परिवार नियोजन योजना, अधिक अन्न उपजाओ योजना, वन संरक्षण योजना आदि। इनकी सफलता जनता के सुशिक्षित होने पर ही निर्भर करती है, क्योंकि शिक्षित व्यक्ति ही योजना में अंतर्निहित विचारों को समझकर योजना पूर्ति में सहयोग प्रदान कर सकता है।

इस प्रकार देश में समय-समय पर अनेक समस्याएँ उत्पन्न होती रहती हैं। शिक्षित व्यक्ति ही उन समस्याओं पर गंभीरतापूर्वक विचार करके उन्हें सुलझाने के लिए सक्रिय योगदान दे सकते हैं। वे देश ही नहीं, वरन् विश्व की समस्याओं को भी समझकर उन्हें दूर करने के लिए विचार-विमर्श कर सकते हैं। विश्व के अन्य देशों के विकास को जानकर अपने देश में भी वैसी ही उन्नति करने के लिए शिक्षित व्यक्ति ही दृढ़प्रतिज्ञ हो सकते हैं।

नागरिकों की शक्तियों के पूर्ण विकास की आवश्यकता

प्रत्येक देश के विकास के लिए यह आवश्यक है कि उसके नागरिक अपने अंदर निहित शक्तियों को जानें और उनका सदुपयोग करें। यह कार्य शिक्षित व्यक्ति ही कर सकते हैं। कोई भी अशिक्षित व्यक्ति अपने अंदर निहित शक्तियों को न तो जान सकता है और न उनका सदुपयोग कर सकता है। अत: प्रौढ़ों का शिक्षित होना जरूरी है। संविधान में दिए गए निर्देशों का पालन करने के लिए, संविधान के आदर्शों, मूल्यों तथा सिद्धांतों को कार्यरूप देने के लिए भी प्रौढ़ शिक्षा की आवश्यकता है; क्योंकि शिक्षित व्यक्ति ही इन सिद्धांतों को भलीभाँति समझ सकते हैं। भारत में स्वतंत्रता-प्राप्ति के पश्चात् धर्मनिरपेक्ष लोकतांत्रिक राज्य की स्थापना की गई है। लोकतांत्रिक सरकार की सफलता की आधारशिला देश की समस्त वयस्क जनता है, जिसके मतों के आधार पर केंद्रीय एवं राज्यों की सरकारों का निर्वाचन होता है। शिक्षित व्यक्ति ही चुनाव के लिए खड़े होनेवाले सभी सदस्यों की योग्यता एवं चरित्र को जानकर योग्य व्यक्ति को अपना मत देने में

समर्थ हो सकते हैं। अतः प्रजातंत्रीय सरकार की सफलता के लिए यह आवश्यक है कि देश के नागरिक शिक्षित हों और वे अपने कर्तव्यों, अधिकारों तथा उत्तरदायित्वों को भलीभाँति समझें।

व्यक्तिगत आर्थिक उन्नति के लिए प्रौढ़ शिक्षा की आवश्यकता

व्यक्तियों के आर्थिक विकास के लिए भी प्रौढ़ शिक्षा की आवश्यकता है। अपने जीवन निर्वाह के लिए प्रत्येक व्यक्ति किंसी-न-किसी जीविकोपार्जन के साधन को अपनाता है; परंतु उस साधन द्वारा आर्थिक लाभ प्राप्त करने के तरीके में अंतर होता है। हम देखते हैं कि दिन भर बराबर मेहनत करने के बाद भी समाज के विभिन्न वर्गों तथा व्यक्तियों की आर्थिक स्थिति भिन्न-भिन्न है। इसका कारण है कि एक शिक्षित व्यक्ति उसी साधन के द्वारा अपने ज्ञान व मस्तिष्क का उपयोग करके अधिक धन प्राप्त करता है और एक अशिक्षित व्यक्ति उसी साधन के द्वारा अपनी अक्षमता के कारण उससे कम धन प्राप्त करता है।

हम देखते हैं कि दो किसानों, जो कि खेती करते हैं, उनकी आर्थिक स्थिति में काफी अंतर होता है; क्योंकि एक अशिक्षित किसान खेती के पुराने साधनों के प्रयोग से अधिक-से-अधिक मेहनत करने के बाद भी कम फसल उत्पन्न कर पाता है, जबकि एक शिक्षित किसान कृषि के नए-नए वैज्ञानिक औजार, नवीन खाद, बीज आदि का प्रयोग करके कम मेहनत करने पर भी अधिक अनाज उत्पन्न करता है। यही नहीं, अवकाश के समय में किसी कुटीर उद्योग धंधे की शिक्षा प्राप्त कर उसके द्वारा भी अपनी आय में वृद्धि कर लेता है।

देखा गया है कि नगरवासी की अपेक्षा ग्रामवासी अधिक निर्धन होते हैं। इसका यही कारण है कि नगरों में शिक्षित व्यक्तियों का प्रतिशत ग्रामवासियों की अपेक्षा अधिक है। अतः ग्रामीणों की आर्थिक दशा में सुधार लाने के लिए यह आवश्यक है कि उन्हें उनकी जीविका के साधन के नए-नए वैज्ञानिक ढंगों से परिचित कराया जाए, विभिन्न कुटीर उद्योगों का ज्ञान दिया जाए और इस कार्य के लिए प्रौढ़ शिक्षा की अत्यंत आवश्यकता है।

समाज में रहने की कला को समझने के लिए प्रौढ़ शिक्षा की आवश्यकता

सहयोग की भावना, सहिष्णुता, प्रेम, सेवाभाव, स्वाभिमानता, स्वतंत्रता, बंधुत्व और न्याय पर अडिग विश्वास की भावना लोकतंत्रीय सरकार की संफलता के

आवश्यक सोपान हैं। प्रौढ़ शिक्षा कार्यक्रमों के द्वारा वयस्क व्यक्तियों में ये तत्त्व विकसित किए जा सकते हैं।

अंधविश्वास आदि को समाप्त करना

हमारे देश के व्यक्ति प्राचीन रूढ़ियों, परंपराओं एवं अंधविश्वसों में जकड़े हुए हैं। उन निरक्षर ग्रामीणों का मानसिक विकास करके उन्हें इन रूढ़ियों के बंधनों से मुक्ति दिलाई जा सकती है, जिससे वे अपना सर्वांगीण विकास कर सकें। इसके लिए भी प्रौढ़ शिक्षा आवश्यक है।

आत्मनिर्भरता के लिए प्रौढ़ शिक्षा

आज का समाज तेजी के साथ परिवर्तन के दौर से गुजर रहा है। आज संयुक्त परिवार प्रथा टूट चुकी है। अतः इस बात की आवश्यकता है कि परिवार का प्रत्येक सदस्य आत्मनिर्भर हो। कोई किसीपर आश्रित न हो। स्त्री दशा में भी परिवर्तन हो रहा है। पूर्व समय में स्त्रियाँ घर की चारदीवारी में बंद रहती थीं, परंतु अब उन्हें घर के बाहर की मुक्त हवा में साँस लेने का अवसर मिला है। आज नारी पुरुष की सहयोगिनी है। प्रौढ़ शिक्षा के द्वारा उन प्रौढ़ पुरुषों व स्त्रियों को आवश्यक शिक्षा प्रदान की जा सकती है, जो परिवार के अन्य सदस्यों पर आश्रित हैं।

सहकारी संस्थाओं के निर्माण में प्रौढ़ों का सहयोग

सहकारी संस्थाओं के अनेक लाभ हैं। चाहे उत्पादन क्षेत्र हो या वितरण का कार्य, सहकारी संगठन दोनों ही दिशाओं में पूरी-पूरी सहायता करते हैं। सहकारी समितियों के निर्माण द्वारा इस प्रकार की बहुत सी समस्याओं से छुटकारा पाया जा सकता है और देश के आर्थिक उत्थान को भी पर्याप्त बल मिलता है। सहकारी खेती, सहकारी कुटीर उद्योग, सहकारी भंडार आदि ऐसे ही कुछ सहकारी संगठन हैं। प्रौढ़ शिक्षा का यह उत्तरदायित्व भी अवश्य होना चाहिए कि वह नागरिकों में इस प्रकार के सामूहिक संगठनों के लिए पर्याप्त उत्साह एवं योग्यता विकसित करे।

व्यावसायिक अथवा जीविकोपार्जन में प्रौढ़ शिक्षा

प्रौढ़ शिक्षा का यह उत्तरदायित्व है कि शहरी क्षेत्रों में प्रौढ़ों के लिए उनके व्यवसाय से संबंधित वाणिज्यिक एवं तकनीकी ज्ञान तथा ग्रामीण क्षेत्रों के प्रौढ़ों के लिए कृषि के नवीन साधनों, वैज्ञानिक तरीकों, नए बीजों का प्रयोग आदि तथा

कुटीर उद्योगों की जानकारी कराए।

सामाजिक तथा राष्ट्रीय एकता के विकास में प्रौढ़ शिक्षा

आज के युग में मानव में स्वार्थ की भावना बढ़ती जा रही है। एक वर्ग दूसरे वर्ग से काफी दूर होता जा रहा है। यह दूरी धर्म, जाति, ग्राम और नगर, शिक्षित और अशिक्षित, धनी और गरीब, मजदूर एवं पूँजीपति, पूँजी एवं श्रम, देशी और विदेशी, युवक और वृद्ध आदि सभी के बीच पाई जाती है। लोग अपनी-अपनी स्वार्थपूर्ति में लगे हैं। देश व समाज की उन्नति का बहुत कम ध्यान है। अत: प्रौढ़ शिक्षा का यह लक्ष्य भी है कि वह इस स्वार्थपूर्ण, संकीर्ण वर्ग भेद की भावना को यथासंभव कम करने का प्रयत्न करे। प्रौढ़ व्यक्तियों में सहयोग, सेवा, त्याग, समानता एवं सामूहिक हित की भावना का विकास करे, जिससे समाज सुखी व समृद्ध हो और सब मिलकर शक्तिशाली बनकर देश को संपन्न बनाने एवं प्रगति की ओर अग्रसर कराने में सहायता करें।

प्रत्येक देश के नागरिकों में राष्ट्रीयता अर्थात् देशप्रेम की भावना होना आवश्यक है। राष्ट्रीयता की भावना ही देश के नागरिकों को अपने 'स्व' का परित्याग करके देश के लिए अपने तन, मन, धन को न्योछावर करने के लिए प्रेरित करती है। अत: राष्ट्र रक्षा के लिए यह आवश्यक है कि प्रौढ़ शिक्षा के विभिन्न कार्यक्रमों द्वारा प्रौढ़ व्यक्तियों में राष्ट्रीय भावना को विकसित किया जाए।

सांस्कृतिक धरोहर तथा प्रौढ़ शिक्षा की आवश्यकता

प्रौढ़ व्यक्तियों को अपनी संस्कृति, उसकी विशेषताएँ और उसके आदर्शों से परिचित कराना तथा भारतीय संस्कृति के प्रति गौरव एवं इज्जत की भावना उत्पन्न करके प्रौढ़ों का सांस्कृतिक विकास करना भी प्रौढ़ शिक्षा का कार्य है। अत: भारतीय संस्कृति के आदर्शों से परिचित कराने के लिए 'रामायण', 'गीता' एवं 'महाभारत' जैसे भारतीय ग्रंथों का अध्ययन, विभिन्न राज्यों के त्योहारों एवं राष्ट्रीय दिवसों का आयोजन, लोकगीतों एवं लोकनृत्यों का आयोजन, प्रांतीय वेशभूषा प्रतियोगिता आदि की व्यवस्था करके प्रौढ़ व्यक्तियों का सांस्कृतिक विकास करना प्रौढ़ शिक्षा का ही उत्तरदायित्व है।

जनसंख्या शिक्षा तथा प्रौढ़ शिक्षा

बढ़ती हुई जनसंख्या सभी समस्याओं—आवास की समस्या, खाने-पीने की

समस्या, चिकित्सा, प्राथमिक शिक्षा आदि की जननी कही जा सकती है। देश का भविष्य इसी एक बात पर निर्भर करता है कि जनसाधारण को बढ़ती हुई जनसंख्या के खतरों से सावधान कर परिवार नियोजन की ओर आकर्षित किया जाए। भारत जैसे जनतांत्रिक देश में यह कार्य किसी जोर-जबरदस्ती या कानून से नहीं किया जा सकता। प्रौढ़ शिक्षा इस संबंध में उचित जागरूकता उत्पन्न करके बहुत सहायक सिद्ध हो सकती है तथा बहुमूल्य भूमिका निभा सकती है।

स्वस्थ जीवन के लिए प्रौढ़ शिक्षा

प्रौढ़ व्यक्तियों के अपने स्वयं के एवं उनके परिवार के उत्तम स्वास्थ्य के लिए भी प्रौढ़ शिक्षा की आवश्यकता है। अशिक्षित ग्रामीण स्वस्थ जीवन के आदर्श नियमों से भलीभाँति परिचित नहीं होते हैं। शरीर एवं घरों की सफाई एवं स्वच्छता की ओर उनका ध्यान बहुत कम होता है। प्रायः वे तथा उनके परिवार के सदस्य किसी-न-किसी बीमारी से ग्रस्त रहते हैं। रोगों के इलाज के लिए भी वे डॉक्टरों या दवाई आदि की ओर पूरा ध्यान नहीं देते हैं, वरन् अपने अंधविश्वासों के कारण प्राचीन तरीकों जैसे—झाड़-फूँक-टोने आदि में विश्वास रखते हैं, जिसका परिणाम यह होता है कि बीमारी कम होने की अपेक्षा बढ़ती ही जाती है।

अतः ऐसे अशिक्षित ग्रामीण प्रौढ़ों को घर की सफाई, शरीर की सफाई, वस्त्रों की सफाई आदि के तरीकों से परिचित कराया जाए, जिससे रोग उनके पास आ ही न सकें। इसके अलावा विभिन्न रोगों के कारणों की पहचान, रोग का उपयुक्त घरेलू इलाज एवं डॉक्टरों तथा अस्पताल की उपयोगिता आदि का पूरा-पूरा ज्ञान कराया जाना चाहिए। इन सब बातों के लिए प्रौढ़ों को शिक्षा देना अत्यंत आवश्यक है।

स्वस्थ मनोरंजन के लिए प्रौढ़ शिक्षा

अनवरत परिश्रम के बाद व्यक्ति के लिए यह आवश्यक हो जाता है कि वह अपनी थकान को दूर करे और आगे के कार्य के लिए शक्ति का पुनः अर्जन करे। इस थकान को दूर करने के लिए व्यक्ति अपना मनोरंजन करना चाहता है और तरह-तरह के मनोरंजन के साधनों को अपनाता है। शहरों में तो मनोरंजन के अनेक साधन होते हैं, परंतु ग्रामों में इन साधनों का बहुत अभाव होता है। प्रायः यह देखा गया है कि जिन साधनों के द्वारा प्रौढ़ व्यक्ति अपना मनोरंजन करने का प्रयास करते हैं, वे साधन बहुत हानिकारक होते हैं; जैसे—ताड़ी पीना, ताश खेलना, जुआ

खेलना आदि। इनका प्रौढ़ व्यक्तियों के आर्थिक, सामाजिक व पारिवारिक जीवन पर हानिकर प्रभाव पड़ता है। अत: प्रौढ़ व्यक्तियों को इन साधनों से बचकर अपनी रुचि मनोरंजन के अन्य स्वस्थ साधनों की तरफ आकर्षित करनी चाहिए। अवकाश के समय में ड्रामा, कविता पाठ, अंताक्षरी प्रतियोगिता आदि का आयोजन किया जा सकता है। राष्ट्रीय दिवस और त्योहारों पर विभिन्न सांस्कृतिक कार्यक्रमों की व्यवस्था की जा सकती है। इनमें मनोरंजन के साथ-साथ सांस्कृतिक विकास भी होता है। आयु के अनुकूल खेल-कूद प्रतियोगिता का आयोजन किया जा सकता है। इसके अलावा भजन-कीर्तन, लोकगीत आदि का आयोजन मनोरंजन के स्वस्थ साधनों की दृष्टि से उपयोगी है।

पर्यावरण की सुरक्षा तथा प्रौढ़ शिक्षा

वन संपत्ति की सुरक्षा करना आवश्यक है। परंतु हम तेजी से वनों को काटते जा रहे हैं। अत: प्रौढ़ शिक्षा का उत्तरदायित्व है कि वह प्रौढ़ों को पेड़ लगाने के लिए प्रेरित करे, जिससे वन संपत्ति का विकास हो।

इसी प्रकार वन्य पशु भी राष्ट्रीय संपत्ति हैं, परंतु पशुओं का शिकार करके पशु संपत्ति को नष्ट किया जा रहा है। अत: भारत का प्राकृतिक वैभव बनाए रखने के लिए पशु शिकार रोकने के लिए व्यक्तियों को प्रेरित किया जाए। इस प्रकार राष्ट्र की संपन्नता के लिए यह आवश्यक है कि प्रत्येक प्रौढ़ को इस बात की जानकारी होनी चाहिए कि राष्ट्र की प्राकृतिक संपत्ति की सुरक्षा व विकास में उसका क्या योगदान हो सकता है। पर्यावरण की स्वच्छता के जो अन्य घटक हैं, उनकी जानकारी देना भी बहुत आवश्यक है।

महिला प्रौढ़ शिक्षा तथा सरकार के उच्च स्तरों पर महिलाओं की संख्या बढ़ाना

प्रशासन तंत्र पर परंपरागत रूप से पुरुषों का प्रभुत्व रहा है। परंतु जैसे-जैसे महिला शिक्षा का विकास हो रहा है, वे भी धीरे-धीरे उच्च सरकारी पदों पर अपना स्थान बना रही हैं; फिर भी वरिष्ठ निर्णायक पदों पर उनकी संख्या बहुत कम है। महिलाओं के प्रति भेदभाव तभी समाप्त अथवा कम हो सकता है, जब हमारे सोचने के ढंग में आमूल परिवर्तन हो। इसमें कोई संदेह नहीं कि इस दिशा में महिला प्रौढ़ शिक्षा महत्त्वपूर्ण योगदान दे सकती है। इस संदर्भ में यूनिसेफ द्वारा प्रकाशित 'राष्ट्रों की प्रगति-1997' में दिए गए आँकड़े विषय की गंभीरता पर

प्रकाश डालते हैं। यह याद रहे कि निम्नलिखित देशों की महिला प्रौढ़ शिक्षा दर लगभग शत-प्रतिशत है।

क्र.	*देश*	*वरिष्ठ निर्णयात्मक पदों पर महिलाओं का प्रतिशत (महिला मंत्री)*
1.	स्वीडन	38
2.	फिनलैंड	36
3.	डेनमार्क	29
4.	नॉर्वे	24
5.	ऑस्ट्रिया	24
6.	नीदरलैंड	21
7.	हाइती	29
8.	कनाडा	19
9.	आयरलैंड	21
10.	जर्मनी	11
11.	यूनाइटेड किंगडम	8
12.	अमरीका	14
13.	चीन	6
14.	जापान	6
15.	भारत	3
	विश्व औसत	**7**

इस समय भारत की लोकसभा में पाँच सौ पैंतालीस सदस्यों में से केवल इकतालीस महिलाएँ हैं। बत्तीस राज्यों तथा संघ क्षेत्रों में केवल एक महिला मुख्यमंत्री है। अभी तक किसी भी महिला को भारत के राष्ट्रपति तथा उप-राष्ट्रपति बनने का गौरव प्राप्त नहीं हुआ है।

यद्यपि सत्ता केंद्रों में महिलाओं की कम भागीदारी के कई कारण हैं, परंतु इससे भी इनकार नहीं किया जा सकता कि महिलाओं में शिक्षा की कमी भी एक बड़ा कारण है। यह एक बड़ी चुनौती है तथा इसका मुकाबला करने के लिए महिला प्रौढ़ शिक्षा की अत्यंत आवश्यकता है।

महिला प्रौढ़ शिक्षा तथा बच्चों की देखभाल

बच्चों की उचित प्रकार से देखभाल तथा बच्चों की मृत्यु-दर अन्य बातों के साथ-साथ महिला प्रौढ़ शिक्षा पर भी निर्भर है। यूनिसेफ ने तो मानव विकास का आकलन पाँच वर्ष से कम आयु में मृत्यु-दर के आँकड़ों से किया है। यूनिसेफ द्वारा प्रकाशित 'दुनिया के बच्चों की स्थिति-1998' अन्य आँकड़ों के साथ-साथ इस अवस्था पर मृत्यु-दर के एक सौ नवासी देशों के आँकड़े दिए गए हैं। भारत एक सौ बयालीस देशों से पीछे है। यहाँ पाँच वर्ष से कम आयु में मृत्यु-दर (एक हजार के पीछे) एक सौ ग्यारह है, जबकि स्वीडन तथा फिनलैंड में केवल चार।

क्र.	*देश*	*पुरुषों के प्रतिशत के रूप में महिला वयस्क साक्षरता दर*	*पाँच वर्ष से कम आयु में मृत्यु-दर (1000 के पीछे)*	*मातृ मृत्यु-दर*
1.	स्वीडन	100	4	7
2.	फिनलैंड	100	4	11
3.	स्विट्जरलैंड	100	5	6
4.	नॉर्वे	100	6	6
5.	जापान	100	6	18
6.	जर्मनी	100	6	22
7.	फ्रांस	100	6	15
8.	कनाडा	100	7	6
9.	यूनाइटेड किंगडम	100	7	9
10.	अमरीका	100	8	12
11.	**भारत**	**58**	**111**	**570**
12.	नेपाल	34	116	1500
13.	भूटान	50	127	1600
14.	पाकिस्तान	48	136	340
15.	अफगानिस्तान	32	257	1700
16.	नाइजर	33	320	1200

उपसंहार

समाज की रचना (जो कि आर्थिक विकास की प्राप्ति, सामाजिक सुधार तथा प्रभावशाली सामाजिक सुरक्षा के लिए कृतसंकल्प है) के प्रमुख सिद्धांतों में से एक यह होना चाहिए कि यह अपने नागरिकों को, विकास कार्यक्रमों में ऐच्छिक, विवेकपूर्ण और प्रभावशाली ढंग से भाग लेने के लिए शिक्षित करे। ऐसा होना उस समाज में विशेष आवश्यक है, जहाँ बहुसंख्यक लोगों ने स्कूल में शिक्षा प्राप्त नहीं की है और जिसमें दी गई शिक्षा विकास आवश्यकताओं से असंबद्ध रही है। जो किसान धरती को जोतता है या जो मजदूर मशीन चलाता है, उसे मिट्टी या मशीन की प्रकृति समझनी चाहिए और उत्पादन से संबंधित वैज्ञानिक प्रक्रियाओं का कुछ ज्ञान प्राप्त करना चाहिए, जिससे वह नए ढंग अपनाने और सुधार करने के योग्य हो सके। केवल प्रोत्साहन और नियोजन ही जनसंख्या की वृद्धि को नहीं रोक सकते। लोगों को निर्विघ्न बढ़ती हुई जनसंख्या के परिणामों को समझना चाहिए, जीवन के नियमों का ज्ञान प्राप्त करना चाहिए तथा परिवार नियोजन के कार्यक्रमों में व्यक्तिगत जिम्मेदारी का अनुभव करना चाहिए। कोई भी राष्ट्र अपनी सुरक्षा को केवल सेना और पुलिस पर नहीं छोड़ सकता। एक बड़ी सीमा तक देश की सुरक्षा नागरिकों की शिक्षा, उनके वातावरण संबंधी ज्ञान, उनके चरित्र और उनकी सुरक्षात्मक कार्यों में प्रभावशाली ढंग से भाग लेने की योग्यता पर निर्भर करती है।

यही नहीं, सामाजिक स्थिति में भी परिवर्तन हो रहा है। प्राचीन काल में संयुक्त परिवार प्रथा थी। एक ही व्यक्ति की आय से पूरे परिवार का निर्वाह होता रहता था और घर के वयोवृद्ध आराम करते थे। स्त्रियाँ घर पर ही रहकर गृहकार्य सँभालती थीं। पर आज समाज की इन मान्यताओं में परिवर्तन हो रहा है। संयुक्त परिवार टूट रहे हैं। स्त्रियों की दशा में भी परिवर्तन आया है। घर की चारदीवारी को लाँघकर उसने व्यापक संसार में कदम रखा है। अतः समाज के सुसंगठन और देश के आर्थिक तथा सामाजिक विकास के लिए यह आवश्यक है कि देश के सभी वयस्क व्यक्ति साक्षर एवं शिक्षित हों।

शिक्षित श्रमिक अधिक उत्पादन में योग देंगे और इस प्रकार उद्योग तथा व्यवसाय दोनों की अधिक उन्नति होगी। यह उन्नति केवल व्यवसाय तक ही सीमित नहीं रहेगी, बल्कि अधिक शिक्षा के फलस्वरूप राष्ट्रीय संपत्ति में वृद्धि होगी और आवश्यक समाजसेवाओं का विस्तार होगा। केवल शिक्षा ही हमारे देशवासियों के जीवन स्तर में उन्नति करने के लिए वास्तविक आधार का निर्माण

कर सकती है। शिक्षा ही मस्तिष्क तथा चरित्र के प्रशिक्षण की, जिनसे व्यक्ति अपने अवकाश का निर्माणकारी प्रयोग कर सकेंगे, आवश्यक शर्त है। इस प्रकार केवल प्रौढ़ शिक्षा ही वह आधार है जिसपर स्वतंत्र भारत ऐसे कल्याणकारी राज्य का निर्माण कर सकता है, जो वैयक्तिक स्वतंत्रता तथा सामाजिक सुरक्षा की माँग को स्वीकार करेगा।

आज प्रौढ़ शिक्षा को बदलते हुए ऐसे समाज की आवश्यकता पूरी करनी है, जो बहुत प्राचीन रूढ़ियों, मान्यताओं और मूल्यों को तिलांजलि देकर नई सभ्यता और नए युग में प्रवेश कर रहा है। आर्थिक, सामाजिक, राजनीतिक—सभी प्रकार के परिवर्तनों के अनुकूल ढालने के लिए प्रौढ़ शिक्षा द्वारा प्रौढ़ स्त्री-पुरुषों को तैयार करना है।

□

प्रौढ़ शिक्षा का क्षेत्र तथा इसकी विषय-वस्तु

किसी भी प्रकार की शिक्षा का क्षेत्र तथा विषय-वस्तु उससे उठाए जानेवाले लाभों तथा उद्देश्यों पर निर्भर करता है। उद्देश्यों का जितना विस्तार होगा, क्षेत्र भी उतना ही विस्तृत होगा। समय की माँग और बढ़ती हुई आवश्यकताओं के कारण उद्देश्यों के कलेवर में वृद्धि होने के साथ प्रौढ़ शिक्षा का कलेवर उतना ही बढ़ जाता है। उदाहरणार्थ, पहले प्रौढ़ शिक्षा के क्षेत्र में जनसंख्या शिक्षा, पर्यावरण शिक्षा, भावात्मक भावना की शिक्षा, मूल्यों की शिक्षा आदि विषयों पर इतना जोर नहीं दिया जाता था, जितना अब। एक समय था जब प्रौढ़ शिक्षा का उद्देश्य केवल साक्षरता तक ही सीमित था और इस कारण उस समय प्रौढ़ शिक्षा के क्षेत्र में साक्षरता से संबंधित बातों का ही समावेश था। बदलती हुई परिस्थितियों में तथा ज्ञान के विस्फोट के कारण प्रौढ़ शिक्षा के क्षेत्र का इतना विस्तार हो गया है कि जीवन का कोई अंश, क्रिया, अनुभव, कौशल तथा ज्ञान इससे अछूता नहीं है।

प्रौढ़ शिक्षा का क्षेत्र बहुत विशाल है। प्रौढ़ शिक्षा की परिकल्पना विकसित, विकासशील तथा अविकसित देशों के संदर्भ में भिन्न हो सकती है तथा इसकी विषय सामग्री भी।

प्रौढ़ शिक्षा के महत्त्व तथा उद्देश्यों को ध्यान में रखते हुए निम्न प्रकार की शिक्षा, क्रिया-कलापों, अनुभवों तथा कौशलों का इसमें समावेश कर सकते हैं।

1. साक्षरता के लिए शिक्षा।
2. सामान्य प्राथमिक स्तर की शिक्षा।
3. पिछले टूटे हुए अध्ययन को फिर से चालू करने की शिक्षा।
4. सामान्य ज्ञान वृद्धि के लिए सामान्य शिक्षा।
5. मानसिक विकास के लिए शिक्षा।
6. सुखी गृहस्थ तथा पारिवारिक जीवन के लिए शिक्षा।

7. स्वास्थ्य शिक्षा।
8. व्यावसायिक क्षमता बढ़ाने के लिए शिक्षा।
9. परिवार नियोजन संबंधी शिक्षा।
10. जनसंख्या शिक्षा।
11. स्वस्थ मनोरंजन के लिए शिक्षा।
12. पर्यावरण शिक्षा।
13. नैतिक विकास के लिए शिक्षा।
14. सामाजिक उत्तरदायित्वों को पूरा करने की शिक्षा।
15. प्रजातांत्रिक भावनाओं को पोषित करने के लिए शिक्षा।
16. ग्रामीण क्षेत्रों में खेती तथा कुटीर उद्योगों संबंधी नई जानकारियों की शिक्षा।
17. सहकारिता एवं सामुदायिक कार्यक्रमों की शिक्षा।
18. सामान्य जीवन में लाभप्रद विज्ञान तथा तकनीकी जानकारियों की सामान्य शिक्षा।
19. पंचायती राज के कार्यान्वयन संबंधी शिक्षा।
20. राष्ट्रीय एकता के लिए शिक्षा।
21. अंतरराष्ट्रीय सहयोग तथा सद्भाव के लिए शिक्षा।

राजस्थान प्रौढ़ शिक्षण समिति ने जुलाई 1975 में उदयपुर में आयोजित कार्य गोष्ठी में प्रौढ़ों की शिक्षा के अनुरूप विषय-वस्तु का एक ढाँचा प्रस्तावित किया। निम्नलिखित पाठ्यक्रम उन्हीं संस्तुतियों पर आधारित है—

1. अच्छा स्वास्थ्य

अच्छे स्वास्थ्य को तीन इकाइयों में बाँटा जा सकता है—

(क) स्वास्थ्य संबंधी सामान्य जानकारी तथा साधारण उपचार।

(ख) शिशु देखभाल।

(ग) पौष्टिक भोजन।

(क) स्वास्थ्य संबंधी जानकारी तथा साधारण उपचार

(i) शरीर और कपड़ों की सफाई।

(ii) घर (रसोईघर, रहने का कमरा, शौचालय, पशुशाला) की सफाई।

(iii) पास-पड़ोस (गली, मोहल्ले आदि) की सफाई।

(iv) पीने के लिए शुद्ध जल की व्यवस्था। गंदा पानी इस्तेमाल करने से होनेवाली बीमारियों (टाइफायड, डायरिया, खुजली, हैजा, नारू आदि) का ज्ञान

और उनसे बचने के उपाय।

(v) चोट, मोच, फोड़े-फुंसी, सर्दी-जुकाम और आँख, नाक, कान, दाँत, पेट, गले आदि की साधारण बीमारियों के घरेलू इलाज।

(vi) खुली धूप व वायु का महत्त्व।

(vii) सरल शारीरिक व्यायाम, विश्राम और नींद।

(viii) मक्खी, मच्छर आदि से बचाव।

(ix) छूत के रोग और उनकी रोकथाम।

(x) चूहों, पागल कुत्तों से स्वास्थ्य को होनेवाली हानियों का ज्ञान और उनसे बचाव।

(xi) चिकित्सालय, परिवार कल्याण केंद्र एवं अन्य संस्थाओं से सहायता एवं परामर्श करना।

(xii) चेचक, मलेरिया आदि बीमारियों की रोकथाम के तरीके।

(ख) शिशु देखभाल

(i) गर्भवती स्त्री की देखभाल, भोजन तथा प्रसव की तैयारी आदि।

(ii) शिशु देखभाल के अच्छे तरीके।

(iii) टीकाकरण आदि।

(ग) पौष्टिक भोजन

(i) सामान्य व्यक्ति की भोजन संबंधी आवश्यकताएँ।

(ii) खाने-पीने के लिए उपलब्ध पदार्थों के गुणों की जानकारी और उनका भोजन में संतुलित रूप में प्रयोग।

(iii) पौष्टिक भोजन की कमी से उत्पन्न होनेवाली बीमारियाँ और उनका इलाज।

(iv) छोटे बच्चों, गर्भवती महिलाओं, बीमारों, बूढ़ों के लिए उचित भोजन संबंधी ज्ञान।

(v) मिलावटी खाद्य पदार्थों से हानियाँ, मिलावट की पहचान, सावधानी व रोकथाम।

(vi) शारीरिक और बौद्धिक कार्य करनेवालों के भोजन में अंतर।

2. सुखी पारिवारिक जीवन

(i) पारिवारिक बजट, आय का सदुपयोग, किफायतसारी, अल्प बचत।

(ii) सामान्य शिष्टाचार, पति-पत्नी के आपसी संबंध।

(iii) बच्चों का पालन-पोषण एवं शिक्षा की व्यवस्था।

(iv) घर की सामान्य व्यवस्था, घरेलू चीजों का रखरखाव, साज-सज्जा।

(v) बड़े परिवार से हानियाँ, परिवार नियोजन।

(vi) साधारण बीमारियों के घरेलू उपचार।

(vii) पड़ोसियों के साथ अच्छे संबंध।

(viii) खाली समय का सदुपयोग, मनोरंजन के अच्छे साधन।

3. सफल सामाजिक एवं नागरिक जीवन

(i) दहेज प्रथा, बालविवाह, बहुविवाह, मृत्यु-भोज आदि सामाजिक कुरीतियों को दूर करने से संबंधित कानूनों का ज्ञान एवं इस कार्य में सहायता।

(ii) छुआछूत एवं अन्य प्रकार की ऊँच-नीच की भावना दूर करने में सहायता।

(iii) मदिरापान तथा तंबाकूपान से होनेवाली हानियाँ; इन आदतों को कम करने में सहायता।

(iv) महाजनों के ऋणों से मुक्ति। सरकार द्वारा खेती एवं अन्य रोजगारों के लिए दिए जानेवाले ऋणों की जानकारी।

(v) मिलावट, भ्रष्टाचार, रिश्वत दूर करने में सामाजिक सहयोग।

(vi) बेरोजगारी की समस्या। इसे दूर करने के लिए किए जा रहे प्रयत्नों की जानकारी एवं उपलब्ध अवसरों का उपयोग।

(vii) सरकारी व्यवस्था एवं सरकारी कर्मचारियों के दायित्वों का ज्ञान।

(viii) आर्थिक एवं अन्य प्रकार की विकास संबंधी सरकारी योजनाएँ और उनसे प्राप्त होनेवाली सुविधाएँ।

(ix) पंचायत घर, स्कूल, चिकित्सालय, जन शौचालय आदि जन सुविधाओं का समुचित उपयोग।

(x) मोहल्ले, गाँव की सामूहिक सफाई।

(xi) डाकघर, रेल, बस आदि से संबंधित आवश्यक जानकारी।

(xii) विभिन्न सामाजिक, धार्मिक एवं राष्ट्रीय पर्वों का सांस्कृतिक महत्त्व एवं आयोजन।

(xiii) धार्मिक सद्भाव एवं सहनशीलता।

(xiv) सरकार, शासन व्यवस्था और कार्य-प्रणाली का ज्ञान।

(xv) नागरिक के कर्तव्य।

(xvi) समाज एवं राष्ट्र की वर्तमान आवश्यकताएँ और हमारा कर्तव्य।

4. रोजगार संबंधी ज्ञान

(क) कृषि (सिंचित अथवा असिंचित क्षेत्र)

(i) भूमि की तैयारी—मिट्टी की जाँच, जुताई, मिट्टी का उपचार, मेड़बंदी।

(ii) सिंचित तथा असिंचित क्षेत्र के अनुकूल बीज का चुनाव, उपचार, बुवाई के तरीके एवं यंत्र।

(iii) सिंचित क्षेत्रों में सघन एवं बहुफसली खेती।

(iv) खाद एवं उर्वरक—देशी खादों की तैयारी (कंपोस्ट, हरी खाद, कूड़ा-कचरा) एवं प्रयोग। विभिन्न प्रकार के उर्वरकों की जानकारी एवं उनका सही उपयोग।

(v) निराई, गुड़ाई एवं खरपतवार से सुरक्षा।

(vi) फसल सुरक्षा—खड़ी फसल एवं बीज गोदामों में। प्रमुख दवाओं की जानकारी, उनका उपयोग करने की विधि एवं काम में आनेवाले यंत्र।

(vii) फसल के विक्रय की व्यवस्था, विक्रय संबंधी सुविधाएँ, कानून, सहकारी विक्रय समितियाँ आदि जानकारी।

(viii) कृषि एवं सिंचाई के लिए ऋण एवं अन्य सुविधाएँ।

(ix) उन्नत बीजों, फसलों एवं कृषि यंत्रों के बारे में जानकारी।

(x) भूमि सुधार की विधियाँ एवं इस संबंध में सरकार की ओर से उपलब्ध सुविधाओं की जानकारी।

(xi) आँगनबाड़ी।

(xii) कृषि क्षेत्र में संलग्न संस्थाओं की जानकारी।

(ख) पशुपालन

(i) विभिन्न प्रकार के पशु धन (गाय-भैंस, भेड़-बकरी, ऊँट, मुरगी आदि) को पालना, इनके लिए भोजन, स्थान की व्यवस्था।

(ii) पशुपालन में नस्ल सुधार एवं उपलब्ध सुविधाओं की जानकारी।

(iii) पशुपालन के लिए सरकारी ऋण एवं अन्य उपलब्ध सुविधाओं की जानकारी।

(iv) पशु धन से प्राप्त होनेवाले पदार्थों का विक्रय।

(ग) अन्य रोजगार

(i) नए उद्योगों की जानकारी।

(ii) उद्योगों के लिए पूँजी, भूमि, प्रशिक्षण की सुविधाओं की जानकारी।

(iii) व्यवसाय से संबंधित मोटे तौर पर कानूनों की जानकारी।

(iv) न्यूनतम मजदूरी कानून की जानकारी।

(v) श्रमिकों के लिए विभिन्न कल्याणकारी योजनाओं, बीमा, स्वास्थ्य, भविष्य निधि आदि के बारे में जानकारी।

5. साक्षरता

(i) पढ़ने-लिखने तथा गणित की सामान्य शिक्षा।

(ii) शिक्षा का सामान्य महत्त्व।

(iii) प्राथमिक शिक्षा का महत्त्व एवं आवश्यकता।

(iv) प्रौढ़ शिक्षा का महत्त्व तथा इसकी आवश्यकता।

वास्तव में प्रौढ़ शिक्षा का कार्यक्रम स्थान-स्थान पर स्थानीय आवश्यकताओं और प्रौढ़ों की साक्षरता तथा शिक्षा पर निर्भर रहेगा। यह कार्यक्रम अत्यंत लचीला होगा।

□

भारत में प्रौढ़ शिक्षा का ऐतिहासिक सर्वेक्षण : मुख्य प्रयास

सार्वजनिक शिक्षा की परंपरा भारत में प्राचीन काल से रही है। महाराजा अशोक ने अपने राज्य के दूर-दराज प्रदेशों तथा खंडों में भी हजारों की संख्या में शिलालेख लिखवाए; ताकि उन्हें पढ़कर लोग धार्मिक तथा नैतिक मूल्यों को अपने जीवन में धारण कर सकें। ये शिलालेख महाराज अशोक द्वारा किए जानेवाले राजनीतिक तथा जनता के कल्याण के लिए कार्यों का विवरण भी देते। इन शिलालेखों के निर्माण से स्पष्ट है कि उस समय जनसाधारण के लिए शिक्षा की समुचित व्यवस्था थी तथा लोग पढ़े-लिखे थे।

कालांतर में इस प्रकार की व्यवस्था में बहुत शिथिलता आ गई तथा निरक्षरता बढ़ती गई।

वर्तमान काल में प्रौढ़ शिक्षा के इतिहास को दो कालों में बाँट सकते हैं—

1. ब्रिटिश काल में प्रौढ़ शिक्षा।
2. स्वतंत्र भारत में प्रौढ़ शिक्षा।

1. ब्रिटिश काल में प्रौढ़ शिक्षा

प्रथम काल (1850 से 1917)

सन् 1850 के आसपास प्रौढ़ शिक्षा का कार्यक्रम जेलों में कैदियों की पढ़ाई से शुरू हुआ। पहले आगरा जेल में दो हजार कैदियों के लिए कार्यक्रम चलाया गया। उसके पश्चात् लखनऊ तथा सुलतानपुर की जेलों में यह कार्यक्रम कुछ लोकप्रिय हुआ। बंबई (मुंबई), पंजाब तथा संयुक्त प्रांत में भी जेल विद्यालय खुले, परंतु योजना सफल नहीं हो पाई।

वर्ष 1882 तक प्रौढ़ शिक्षा के क्षेत्र में कुछ रात्रि कक्षाओं व जेल विद्यालयों की भूमिका प्रमुख रही। रात्रि पाठशालाएँ बंबई, कलकत्ता तथा मद्रास (चेन्नई) में चलाई जाती थीं। इनमें ऐसे बालकों को शिक्षा देने की व्यवस्था की गई, जो आर्थिक कारणों से मजदूरी करने के लिए विवश थे।

बीसवीं शताब्दी के आरंभ में बड़ौदा में कुछ चलते-फिरते पुस्तकालयों की स्थापना की गई।

रवींद्रनाथ टैगोर ने शांतिनिकेतन के आसपास के गाँवों में नौजवानों की सहायता से प्रौढ़ शिक्षा का प्रसार किया।

द्वितीय काल (1918 से 1927)

1919 के 'भारत सरकार अधिनियम' के अंतर्गत शिक्षा का विषय भारतीय मंत्रियों के हाथ में आया। मंत्रियों ने प्रौढ़ शिक्षा के कार्य में बहुत रुचि ली। इसी समय हजारों भारतीय सैनिक प्रथम युद्ध के पश्चात् सेना की सेवाओं से मुक्त होकर स्वदेश लौटे। इन सैनिकों ने भी विदेशों के अनुभवों को सुनाकर ग्रामीण क्षेत्रों में एक नए उत्साह का संचार किया। सहकारी समितियों ने भी प्रौढ़ शिक्षा के काम में अपना सक्रिय योगदान दिया। पंजाब में प्रौढ़ शिक्षा के आंदोलन ने जोर पकड़ा। पंजाब में वर्ष 1926-27 में लगभग चार हजार प्रौढ़ विद्यालय थे, जिनमें लगभग एक लाख छात्र थे। उत्तर प्रदेश में छह नगरपालिकाएँ प्रौढ़ शिक्षा के लिए रात्रि पाठशालाएँ चला रही थीं। ट्रावनकोर, मध्य प्रांत तथा बंगाल में भी यह आंदोलन जोर-शोर से चला।

तृतीय काल (1927 से 1937)

वर्ष 1927 के विश्वव्यापी आर्थिक संकट से भारत भी प्रभावित हुआ तथा बहुत से प्रौढ़ शिक्षा के विद्यालय बंद हो गए। इस काल में मिशनरियों ने प्रौढ़ शिक्षा के क्षेत्र में कई नए प्रयोग किए।

पंजाब राज्य में भी निम्न प्रकार के प्रयोग किए गए—

1. नॉर्मल स्कूल (अध्यापक प्रशिक्षण स्कूल) के अध्यापकों को प्रौढ़ शिक्षा के लिए ग्रामीण क्षेत्रों में पुस्तकालय चलाने के लिए प्रेरित करना।
2. ग्रामों में सांस्कृतिक केंद्रों की स्थापना करना।

भारत के कई प्रांतों जैसे बंबई, मध्य भारत आदि में प्रौढ़ शिक्षा तथा अन्य कार्यों के लिए कई संस्थाओं का जन्म हुआ। ये संस्थाएँ थीं—ग्रामीणं पुनर्निर्माण

संघ, साक्षरता संघ, एडल्ट एजुकेशन लीग, सेवा सदन आदि।

चतुर्थ काल (1937 से 1939)

प्रौढ़ शिक्षा के क्षेत्र में वर्ष 1937 का विशेष महत्त्व है। इस संदर्भ में अनेक महत्त्वपूर्ण घटनाएँ घटीं। इसी वर्ष भारत के प्रांतों में कांग्रेसी मंत्रिमंडल बने। कांग्रेसी मंत्रियों ने प्रौढ़ शिक्षा का कार्य बड़ी लगन से आरंभ किया। प्रौढ़ शिक्षा कार्यक्रम को बहुत बल मिला।

बिहार में 'अपने घर को साक्षर बनाओ' नामक आंदोलन फैला।

दिल्ली की जामिया मिलिया इसलामिया ने क्रमबद्ध प्रौढ़ शिक्षा साहित्य का निर्माण किया।

1937 में ही ब्रिटेन के राष्ट्रीय प्रौढ़ विद्यालय के प्रतिनिधि टी.एस. विलियम्स भारत आए। उनके प्रोत्साहन से 'इंडियन एडल्ट एजुकेशन सोसाइटी' स्थापित हुई।

वर्ष 1940 में 'भारतीय प्रौढ़ शिक्षा संघ' की स्थापना की गई। इस संघ ने प्रौढ़ शिक्षा विस्तार के लिए बहुत महत्त्वपूर्ण प्रयत्न किए।

पंजाब में डॉ. लौबेक के पथ प्रदर्शन में एक नए नारे 'प्रत्येक किसी एक को पढ़ाए' (Each one teach one) का सूत्रपात हुआ। प्रौढ़ शिक्षा में यह नारा काफी लाभदायक रहा।

पंचम काल (1939 से 1947)

वर्ष 1939 में द्वितीय महायुद्ध छिड़ गया। राज्यों में लोकप्रिय मंत्रिमंडलों ने अंग्रेजी शासन की नीति के विरोध में त्यागपत्र दे दिए। इससे प्रौढ़ शिक्षा आंदोलन को बहुत धक्का लगा। नेताओं का ध्यान स्वतंत्रता-प्राप्ति की ओर अधिक गति से आकर्षित हुआ। 1942 में 'भारत छोड़ो आंदोलन' ने जोर पकड़ा, जिससे प्रौढ़ शिक्षा आंदोलन बहुत पिछड़ गया।

सार्जेंट योजना (1944)

1944 की सार्जेंट योजना, जो कि दूसरे महायुद्ध के पश्चात् विकास योजना थी, में प्रौढ़ शिक्षा के कार्यक्रम के महत्त्व पर जोर दिया गया। इस योजना में निम्नलिखित लक्ष्य रखे गए—

(i) प्रौढ़ शिक्षा की आयु सीमा 15-40 वर्ष।

(ii) 12.70 करोड़ प्रौढ़ों को पच्चीस वर्ष में शिक्षित करना।

(iii) पहले पाँच वर्षों में प्रौढ़ शिक्षा के लिए कार्यकर्ताओं को प्रशिक्षण देना।

(iv) पहले पाँच वर्षों में केंद्रों तथा सामग्री की व्यवस्था करना।

(v) प्रौढ़ शिक्षा का मुख्य उत्तरदायित्व सरकार पर रहना।

(vi) स्वयंसेवी संस्थाओं का सहयोग प्राप्त करना।

आर्थिक संकटों के कारण यह योजना केवल पेपर योजना बनकर रह गई।

2. स्वतंत्र भारत में प्रौढ़ शिक्षा

प्रथम चरण (1947 से 1966)

प्रौढ़ शिक्षा से समाज शिक्षा

स्वतंत्रता-प्राप्ति के पश्चात् भारत में प्रौढ़ शिक्षा के क्षेत्र में एक नवीन चेतना और उत्साह उत्पन्न हुआ। वर्ष 1948 का प्रौढ़ शिक्षा के क्षेत्र में विशेष महत्त्व है।

प्रौढ़ शिक्षा की धारणा में अमूल्य परिवर्तन आया। प्रौढ़ शिक्षा का स्थान समाज शिक्षा ने ले लिया। केंद्रीय शिक्षा सलाहकार बोर्ड के सुझाव पर भारत सरकार ने प्रौढ़ शिक्षा को समाज शिक्षा का नाम दिया। एक बारह सूत्री कार्यक्रम समाज शिक्षा के लिए बनाया गया, जो कि नीचे दिया जा रहा है।

(i) ग्रामीण विद्यालय गाँव की समस्त जनता के लिए शिक्षा, कल्याण, खेल तथा मनोरंजन का केंद्र होगा।

(ii) विद्यालयों में बालकों, युवकों तथा प्रौढ़ों के लिए अलग-अलग समय निर्धारित रहेगा।

(iii) सप्ताह के कुछ दिवस बालकों, बालिकाओं और प्रौढ़ों के लिए सुरक्षित रखे जाएँगे।

(iv) प्रोजेक्टर, लाउडस्पीकर तथा ग्रामोफोन से सुसज्जित मोटरें ग्रामों में जाया करेंगी।

(v) ग्रामीण विद्यालयों में रेडियो लगाए जाएँगे और बालकों, युवकों तथा प्रौढ़ों के लिए विशेष कार्यक्रम प्रसारित किए जाएँगे।

(vi) जनप्रिय नाटकों के खेलने का प्रबंध विद्यालयों में किया जाएगा। जो नाटक सर्वश्रेष्ठ होंगे, उन्हें पुरस्कृत किया जाएगा।

(vii) विद्यालय में राष्ट्रीय लोकगीतों को सिखाने का प्रयास किया जाएगा।

(viii) स्थानीय आवश्यकताओं और परिस्थितियों को ध्यान में रखकर विद्यालयों

में हस्तकला तथा व्यवसाय का सामान्य शिक्षण दिया जाएगा।

(ix) कृषि, स्वास्थ्य तथा श्रम विभाग के सहयोग से ग्रामीण जनता के लिए स्वास्थ्य विज्ञान, कृषि की वैज्ञानिक प्रणालियों तथा सहकारिता आदि का ज्ञान प्रदान करने के लिए व्याख्यानों का प्रबंध किया जाएगा।

(x) सूचना तथा प्रसार मंत्रालय के सहयोग से विद्यालयों में समय-समय पर फिल्म तथा स्लाइड दिखाई जाएँगी।

(xi) विद्यालयों तथा ग्रामीणों के मध्य सामूहिक खेलकूदों की व्यवस्था की जाएगी।

(xii) ग्रामीण विद्यालयों में प्रदर्शनी, मेला आदि का प्रबंध समय-समय पर किया जाएगा।

19-20 फरवरी, 1949 में प्रादेशिक शिक्षा मंत्रियों की एक बैठक में समाज शिक्षा की योजना प्रस्तुत की गई। भारत सरकार ने प्रौढ़ शिक्षा के लिए कुछ रुपया प्रदेशों में वितरित किया।

प्रौढ़ शिक्षा काफिला—वर्ष 1948 के बीच समाज शिक्षा के क्षेत्र में कई प्रयोग किए गए, परंतु उत्साहवर्द्धक परिणाम नहीं निकले। संघीय क्षेत्र दिल्ली में प्रौढ़ शिक्षा काफिला स्थापित किया गया। इस काफिले ने गाँव-गाँव जाकर प्रौढ़ शिक्षा कार्य किया।

जनता कॉलेज—1951 में दिल्ली के निकट स्थित अलीपुर गाँव में प्रौढ़ तथा समाज शिक्षा में लगे ग्रामीण कार्यकर्ताओं को प्रशिक्षण देने के लिए एक जनता कॉलेज खोला गया।

सामुदायिक केंद्र—प्रथम पंचवर्षीय योजना में कुछ स्थानों पर बेसिक प्रशिक्षण विद्यालयों के निरीक्षण में सामुदायिक केंद्रों की स्थापना की योजना बनाई गई, जो आसपास की जनता के लिए समाज शिक्षा का कार्य करते थे।

द्वितीय चरण (1966 से 1976)

(क) प्रौढ़ शिक्षा तथा शिक्षा आयोग (1964-66)

भारत की संपूर्ण शिक्षा की सभी स्तरों पर समीक्षा करने के लिए तथा सुधार के लिए उपाय सुझाने के लिए 1964 में भारत सरकार ने एक शिक्षा आयोग का गठन किया था। इस आयोग ने 1966 में अपनी संस्तुतियाँ भारत सरकार को दीं। सामान्यतः 1986 तक अर्थात् नई शिक्षा नीति के निर्माण तथा कार्यान्वयन से पूर्व

सभी राज्यों के लिए इसी आयोग की रिपोर्ट मार्गदर्शन करती रही।

1964-66 के शिक्षा आयोग को कोठारी शिक्षा आयोग के नाम से भी पुकारा जाता है, क्योंकि इस आयोग के अध्यक्ष श्री डी.एस. कोठारी थे।

शिक्षा आयोग ने अन्य स्तरों के साथ-साथ प्रौढ़ शिक्षा के विकास के लिए भी कुछ महत्त्वपूर्ण सुझाव दिए हैं। यहाँ उन सबका विवरण दिया जा रहा है।

प्रौढ़ शिक्षा की आवश्यकता

आयोग का विचार है—शिक्षा जीवनपर्यंत चलनेवाली प्रक्रिया है। आज के प्रौढ़ को तीव्र गति से परिवर्तित होनेवाले आधुनिक विश्व का सामान्य ज्ञान होना आवश्यक है। कोई भी राष्ट्र अपनी सुरक्षा का भार पूर्णतया पुलिस या सेना के हाथ में नहीं सौंप सकता है। वस्तुतः राष्ट्रीय सुरक्षा पर्याप्त सीमा तक नागरिकों की शिक्षा, विभिन्न मामलों में उनके ज्ञान, उनके चरित्र, उनकी अनुशासन की भावना तथा उनकी सुरक्षात्मक कार्यों में सक्रिय रूप से भाग लेने की योग्यता पर निर्भर है। अतः राष्ट्र की सुरक्षा तथा उसकी उन्नति के लिए प्रौढ़ों को शिक्षित किया जाना आवश्यक है। हमारे देश में प्रौढ़ शिक्षा की और भी अधिक आवश्यकता है, क्योंकि भारत की 70 प्रतिशत जनसंख्या लिखना और पढ़ना नहीं जानती है। दूसरे, भारत लोकतंत्रीय गणतंत्र है, जिसमें प्रौढ़ों को उनकी सुरक्षा एवं उन्नति के लिए महत्त्वपूर्ण कार्य करना है। अतः प्रौढ़ों को शिक्षित करना परमावश्यक हो गया है।

प्रौढ़ शिक्षा का कार्यक्रम

आयोग का मत है कि प्रौढ़ों को शिक्षित बनाने के लिए प्रौढ़ शिक्षा का प्रभावशाली कार्यक्रम तैयार किया जाए। उसने इस कार्यक्रम में निम्नलिखित बातों के समावेश पर बल दिया है।

1. निरक्षरता का उन्मूलन।
2. अनवरत शिक्षा।
3. पत्राचार द्वारा शिक्षा।
4. पुस्तकालय।
5. प्रौढ़ शिक्षा में विश्वविद्यालयों का कार्य।
6. प्रौढ़ शिक्षा का संगठन तथा प्रशासन।

निरक्षरता का उन्मूलन—आयोग ने वयस्क निरक्षरता को दूर करने के लिए अधोलिखित उपायों को प्रस्तुत किया है—

1. देश से निरक्षरता को दूर करने के लिए प्रत्येक संभव उपाय को काम में लाया जाए और बीस वर्ष की अवधि में देश के प्रत्येक कोने से इसे अवश्य समाप्त कर दिया जाए।
2. 1971 में साक्षरता का राष्ट्रीय स्तर 60 प्रतिशत तथा 1976 में 80 प्रतिशत होना चाहिए।
3. निरक्षरता के विकास को रोकने के लिए प्रारंभ में निम्नांकित उपायों को काम में लाया जाए—
   (i) 6-11 आयुवर्ग के सब बच्चों के लिए पाँच वर्ष की सार्वभौमिक शिक्षा की व्यवस्था की जाए।
   (ii) 11-14 आयुवर्ग के उन बच्चों के लिए अंशकालीन शिक्षा की व्यवस्था की जाए, जिन्होंने या तो बीच में स्कूल छोड़ दिया हो या विद्यालय जाने की सुविधा का उपयोग न किया हो।
   (iii) 15-30 आयुवर्ग के प्रौढ़ों के लिए अंशकालीन सामान्य तथा व्यावसायिक शिक्षा की व्यवस्था की जाए।
4. निरक्षरता को समाप्त करने के लिए दोहरा कार्यक्रम बनाया जाए, जिसमें चयनात्मक तथा सार्वभौमिक पद्धति को अपनाया जाए।
5. चयनात्मक पद्धति के अंतर्गत उन विशेष प्रौढ़ों की शिक्षा की व्यवस्था की जाए, जिनको सरलता से साक्षर बनाया जा सकता है। इनको साक्षर बनाने के लिए बड़े फर्मों, वाणिज्य, औद्योगिक केंद्रों, ठेका लेनेवालों तथा अन्य क्षेत्रों के मालिकों को उत्तरदायी बनाया जाए। यदि आवश्यकता पड़े तो इसके लिए अधिनियम बनाया जाए। इन मालिकों को इस कार्य में प्रोत्साहन देने के लिए स्वयं सरकार कदम उठाए। सर्वप्रथम यह सार्वजनिक क्षेत्रों में कार्य करनेवाले निरक्षर प्रौढ़ों को साक्षर बनाए और साक्षरता योजना के पाठ्यक्रमों में उन तत्त्वों को स्थान प्रदान करे, जो आर्थिक तथा सामाजिक विकास के लिए आवश्यक हैं। इस प्रकार सरकार नेतृत्व प्रदान करके सार्वजनिक क्षेत्रों के प्रौढ़ों को साक्षर बनाने के लिए यह अधिनियम बना सकती है कि प्रत्येक फर्म या उद्योग का मालिक प्रत्येक निरक्षर कार्यकर्ता को नियुक्ति के समय से तीन वर्ष के अंदर साक्षर बना दे।
6. सार्वभौमिक पद्धति के अंतर्गत देश के समस्त शिक्षित स्त्रियों एवं पुरुषों को इस कार्य में लगाया जाए। सार्वभौमिक आंदोलन के संगठनों में शिक्षकों, छात्रों तथा समस्त शिक्षा संस्थाओं को सक्रिय रूप से सम्मिलित किया

जाए। उच्चतर प्राथमिक, निम्न माध्यमिक, उच्चतर माध्यमिक, व्यावसायिक विद्यालयों, कॉलेजों तथा विश्वविद्यालयों के पूर्व स्नातक स्तर के सभी छात्रों को प्रौढ़ों को पढ़ाने का कार्य सौंपा जाए। छात्रों से यह कार्य अनिवार्य राष्ट्रीय सेवा के कार्यक्रम के अभिन्न अंग के रूप में कराया जा सकता है। प्रत्येक शिक्षा संस्था अपने क्षेत्र की निरक्षरता को दूर करने के लिए कार्य करे।

7. निरक्षरता को दूर करने के लिए विद्यालयों को सामुदायिक जीवन के केंद्रों में परिवर्तित किया जाए।
8. कोई भी साक्षरता आंदोलन पूर्व नियोजन के अभाव में प्रारंभ न किया जाए।
9. स्त्रियों में साक्षरता की उन्नति के लिए 'केंद्रीय समाज कल्याण परिषद्' द्वारा संक्षिप्त कोर्सों का संचालन किया जाए और ग्रामीण क्षेत्रों की स्त्रियों को साक्षर बनाने के लिए 'ग्राम सेविकाओं' की नियुक्ति की जाए।
10. साक्षरता को बनाए रखने के लिए अनुसरण कार्यक्रम, पुस्तकालय का प्रयोग तथा पठन सामग्री का निर्माण किया जाए।

अनवरत शिक्षा—आयोग ने शिक्षित वयस्कों की शिक्षा को जारी रखने के लिए निम्नलिखित सुझाव दिए हैं—

1. सभी प्रकार तथा सभी स्तरों की शिक्षा संस्थाएँ नियमित समय के पश्चात् उन व्यक्तियों के लिए, जो पढ़ने की इच्छा रखते हैं, विभिन्न पाठ्य विषयों के शिक्षण की व्यवस्था करने के लिए प्रोत्साहित की जाएँ।
2. शिक्षा संस्थाओं में ऐसे पाठ्य विषयों का आयोजन किया जाए, जिनके द्वारा वयस्कों के सामान्य ज्ञान एवं अनुभव में वृद्धि की जा सके, जिससे वे अपने जीवन की समस्याओं को हल करने में समर्थ हो सकें।
3. कार्यकर्ताओं को जीवन के दृष्टिकोण को विस्तृत बनाने तथा अपनी कुशलताओं के विकास के लिए आगे शिक्षा प्रदान की जाए। इसके लिए विशेष अंशकालीन पाठ्य विषयों का आयोजन किया जाए।
4. 'केंद्रीय समाज कल्याण परिषद्' द्वारा संचालित प्रौढ़ स्त्रियों के लिए संस्थाएँ तथा मैसूर राज्य में स्थिति विद्यापीठों के समान विशेष संस्थाएँ स्थापित की जाएँ।

प्रौढ़ शिक्षा के लिए पत्राचार पाठ्यक्रम—आयोग ने वयस्क शिक्षा का प्रसार करने के लिए 'पत्राचार द्वारा शिक्षा' पर बल दिया है, जिसमें उसने

निम्नलिखित बातों को स्थान दिया है—

1. उन लोगों के लिए पत्राचार कोर्सों की व्यवस्था की जाए, जो अंशकालीन कोर्सों का भी अध्ययन करने में असमर्थ हैं।
2. जो व्यक्ति पत्राचार कोर्स लें, उन्हें कभी-कभी शिक्षकों से मिलने के अवसर प्रदान किए जाएँ।
3. पत्राचार कोर्सों का रेडियो तथा टेलीविजन कार्यक्रमों से सामंजस्य स्थापित किया जाए।
4. पत्राचार कोर्स उन व्यक्तियों के लिए भी आयोजित किए जाएँ, जो अपने जीवन को सांस्कृतिक तथा सौंदर्यात्मक महत्त्व के विषयों का अध्ययन करके समृद्ध बनाना चाहते हैं।
5. पत्राचार कोर्स कृषि, उद्योग तथा अन्य क्षेत्रों के कार्यकर्ताओं के लिए भी व्यवस्थित किए जाएँ।

प्रौढ़ शिक्षा में पुस्तकालयों की भूमिका—आयोग ने प्रौढ़ शिक्षा में पुस्तकालयों के कार्य के विषय में निम्नलिखित सुझाव दिए हैं—

1. 'पुस्तकालय सलाहकार समिति' ने समस्त देश में पुस्तकालयों का एक जाल बिछाने का जो सुझाव दिया है, उसे कार्यान्वित किया जाए।
2. विद्यालयों के पुस्तकालयों को सार्वजनिक पुस्तकालयों के रूप में संगठित किया जाए और उनमें बच्चों तथा नवसाक्षरों की रुचियों के अनुसार पठन सामग्री को स्थान दिया जाए।
3. पुस्तकालय गतिशील होने चाहिए और उन्हें वयस्कों को शिक्षित तथा आकर्षित करना चाहिए।

प्रौढ़ शिक्षा में विश्वविद्यालयों का कार्य—आयोग का विचार है कि विश्वविद्यालयों को प्रौढ़ों को शिक्षित करने के विषय में अपने दायित्व को ग्रहण करना चाहिए। विश्वविद्यालयों को समुदाय के सामाजिक, आर्थिक, शैक्षिक तथा सांस्कृतिक विकास के लिए कार्य करना चाहिए। विश्वविद्यालय पत्राचार कोर्सों, प्रसार व्याख्यानों, सेमिनारों, स्वच्छता, जनसंख्या पर नियंत्रण तथा सार्वजनिक स्वास्थ्य संबंधी समस्याओं पर विचार करके उन विचारों को जनता तक पहुँचाने के लिए विभिन्न आंदोलनों का संचालन कर सकते हैं। आयोग का मत है कि प्रौढ़ शिक्षा के कार्यक्रमों को संचालित करने के लिए प्रत्येक विश्वविद्यालय प्रौढ़ शिक्षा विभाग खोले और प्रौढ़ शिक्षा से संबंधित कार्यक्रमों को चलाने के लिए सरकार द्वारा विश्वविद्यालयों को आर्थिक सहायता दी जाए।

प्रौढ़ शिक्षा का संगठन तथा प्रशासन—आयोग ने प्रौढ़ शिक्षा के संगठन और प्रशासन के संबंध में निम्नलिखित विचार प्रस्तुत किए हैं—

1. 'राष्ट्रीय प्रौढ़ शिक्षा परिषद्' की स्थापना की जाए, जिसमें समस्त संबंधित मंत्रालयों तथा साधनों को प्रतिनिधित्व प्राप्त हो। शिक्षा मंत्रालय इस परिषद् की स्थापना के लिए कदम उठाए। इस परिषद् के निम्नलिखित कार्य होने चाहिए—
   (i) औपचारिक प्रौढ़ शिक्षा और प्रशिक्षण के विषय में केंद्र एवं राज्य सरकारों को परामर्श देना तथा उनके लिए विभिन्न कार्यक्रमों का निर्माण करना।
   (ii) प्रौढ़ शिक्षा के लिए आवश्यक साहित्य तथा पठन सामग्री के लिए आवश्यक साधनों एवं सेवाओं को प्रोत्साहन देना।
   (iii) विभिन्न मंत्रालयों तथा सरकारी एवं गैर सरकारी साधनों में सामंजस्य स्थापित करना।
   (iv) समय-समय पर प्रौढ़ शिक्षा के क्षेत्र में हुई प्रगति की जाँच करना और उसकी उत्तरोत्तर उन्नति के लिए सुझाव देना।
   (v) प्रौढ़ शिक्षा के क्षेत्र में अनुसंधान कार्य को प्रोत्साहित करना।
2. राज्य स्तर पर ऐसी परिषदों का निर्माण किया जाए और जिला स्तर पर ऐसी समितियाँ जिला परिषदों का अंग बना दी जाएँ।
3. प्रौढ़ शिक्षा के क्षेत्र में जो ऐच्छिक साधन कार्य कर रहे हैं, उन्हें आर्थिक एवं प्राविधिक सहायता तथा प्रोत्साहन प्रदान किया जाए।

(ख) प्रौढ़ शिक्षा तथा राष्ट्रीय शिक्षा नीति (1968)

शिक्षा आयोग 1964-66 की संस्तुतियों पर व्यापक विचार-विमर्श के पश्चात् भारत सरकार ने 1968 में शिक्षा की राष्ट्रीय नीति की घोषणा की। इस नीति में उन सिद्धांतों का उल्लेख किया गया, जिनके अनुसार भारत में शिक्षा का विकास किया जाना था। साक्षरता तथा प्रौढ़ शिक्षा के प्रसार संबंधी सिद्धांत पैरा 14 में दिए गए हैं।

(i) जन निरक्षरता को दूर करना आवश्यक है। यह केवल लोकतंत्रीय संस्थाओं के कार्य में भाग लेने के लिए लोगों को प्रोत्साहित करने तथा शिक्षा कार्यक्रमों की गति को तीव्र करने के लिए (विशेषकर कृषि क्षेत्रों में) ही नहीं है, बल्कि सामान्य राष्ट्रीय विकास की गति को तीव्र करने के लिए भी आवश्यक है। वाणिज्यिक, औद्योगिक तथा अन्य बड़ी इकाइयों के

कर्मचारियों को जितनी जल्दी हो सके, कामचलाऊ रूप से साक्षर बनाया जाना चाहिए। इस दिशा में मार्गदर्शन सरकारी क्षेत्र के औद्योगिक उपक्रमों को करना चाहिए। अध्यापकों और छात्रों को सक्रिय रूप से साक्षरता अभियानों का संघठन करना चाहिए, विशेष रूप से सामाजिक तथा राष्ट्रीय सेवा कार्यक्रमों के अंग के रूप में।

(ii) कार्य में लगे युवा कृषकों को शिक्षा तथा स्वनियोजन के लिए युवकों को प्रशिक्षित करने पर विशेष बल देना चाहिए।

तृतीय चरण (1977 से 1985)

(क) प्रौढ़ शिक्षा नीति की घोषणा (1977)

वर्ष 1977 में भारत सरकार के शिक्षा मंत्रालय ने प्रौढ़ शिक्षा के विस्तार तथा विकास संबंधी नीति की घोषणा की। इस नीति के अंतर्गत निम्नलिखित तत्त्व शामिल किए गए—

1. प्रौढ़ शिक्षा प्रौढ़ों की आवश्यकता के अनुसार हो।
2. समय, स्थान, निर्देशन व्यवस्था आदि की दृष्टि से प्रौढ़ शिक्षा कार्यक्रम लचीला हो।
3. पाठ्य सामग्री तथा शिक्षण विविध प्रकार का हो।
4. प्रौढ़ शिक्षा का संगठन सुनियोजित हो।

इस नीति को ध्यान में रखते हुए 1978 में प्रौढ़ शिक्षा के एक विशाल कार्यक्रम की घोषणा की गई, जो कि नीचे दिया जा रहा है।

(ख) राष्ट्रीय प्रौढ़ शिक्षा कार्यक्रम (1978-79 से 1983-84)

उद्देश्य—यह कार्यक्रम 2 अक्तूबर, 1978 को इस उद्देश्य से लागू किया गया कि 1983-84 तक 15-35 वर्ष की आयु के दस करोड़ (कुल निरक्षरों की आधी संख्या) निरक्षर प्रौढ़ों को शिक्षित किया जाएगा। इसके निम्नलिखित लक्ष्य निर्धारित किए गए—

वर्ष	*वार्षिक विस्तार का लक्ष्य (लाख में)*	*संचित लक्ष्य (लाख में)*
1978-79 (तैयारी का वर्ष)	15	15
1979-80	45	60

1980-81	90	150
1981-82	180	330
1982-83	320	650
1983-84	350	1000

इस कार्यक्रम की मुख्य विशेषताएँ इस प्रकार थीं—

1. वांछित योग्यताएँ

(i) *साक्षरता*— इसके अंतर्गत पढ़ने-लिखने तथा अंक ज्ञान को शामिल किया गया है।

(ii) *चेतना*— इसका आशय था, सामाजिक दायित्वों की भावना का निर्माण करना तथा जागरूकता उत्पन्न करना।

(iii) *कार्यकुशलता*— इसका अर्थ व्यक्ति के कौशल व क्षमताओं में सुधार करना था।

2. विभिन्न एजेंसियाँ

प्रस्तावित कार्यक्रम के लिए निम्नलिखित अभिकरणों तथा एजेंसियों का सहयोग लेने के लिए कार्ययोजना बनाई गई—

(i) राज्य सरकारों के शिक्षा विभागों की सहायता।

(ii) विश्वविद्यालयों तथा महाविद्यालयों का योगदान।

(iii) नेहरू युवक केंद्रों का सहयोग।

(iv) स्वैच्छिक संस्थाओं को प्रोत्साहन तथा उनका योगदान।

3. प्रौढ़ शिक्षा की विषय-वस्तु

(i) 300-350 घंटे तक की प्रौढ़ों को शिक्षा।

(ii) प्रतिदिन दो घंटे शिक्षा।

(iii) दस महीने का समय।

4. व्यय

(i) प्रत्येक प्रौढ़ पर दस महीनों में अस्सी रुपए खर्च का अनुमान।

(ii) अनुदेशक हेतु पचास रुपए मासिक का मानदेय।

(iii) तीन केंद्रों पर एक पर्यवेक्षक तथा उसका पाँच सौ साठ रुपए मानदेय।

(iv) परियोजना अधिकारी का वेतनमान रु. 700-1000।

(ग) शिक्षा की चुनौती (1985) : राष्ट्रीय शिक्षा नीति से पूर्व प्रौढ़ शिक्षा की स्थिति

वर्ष 1986 में घोषित शिक्षा नीति से पूर्व भारत सरकार के शिक्षा मंत्रालय ने संपूर्ण शिक्षा का मूल्यांकन 'शिक्षा की चुनौती : नीति संबंधी परिप्रेक्ष्य' (1985) दस्तावेज में किया। इस दस्तावेज का प्रौढ़ शिक्षा क्षेत्र का सार नीचे दिया जा रहा है।

1. प्रारंभिक शिक्षा के सार्वजनीकरण की दिशा में होनेवाली असफलता के कारण देश में अनपढ़ों की संख्या बढ़ गई है।
2. अनपढ़ों की संख्या (सन् 1981 में तैंतालीस करोड़ सत्तर लाख) स्वतंत्रता-प्राप्ति के समय (लगभग तीस करोड़) से अधिक है।
3. साक्षरता में धीरे-धीरे प्रगति हुई है। 1951 में केवल 16.37 प्रतिशत लोग ही साक्षर थे, जबकि 1981 में ये बढ़कर 36.23 प्रतिशत हो गए।
4. साक्षरता के बारे में राष्ट्रीय आँकड़े पुरुषों और स्त्रियों के बीच असमानता की तसवीर पेश करते हैं।
5. विभिन्न क्षेत्रों में भी बहुत असमानता है।
6. निरक्षरता को दूर करना संभव है।

चतुर्थ चरण (1986 से आगे)

प्रौढ़ शिक्षा एवं नई शिक्षा नीति 1986 तथा संशोधित नीति 1992

राष्ट्रीय शिक्षा नीति 1968 में कहा गया था कि समय-समय पर देश में शिक्षा के क्षेत्र में चल रहे कार्यक्रमों का मूल्यांकन किया जाए। परंतु 1985 तक कोई भी ऐसा मूल्यांकन नहीं किया गया था। अतः 1985 में भारत सरकार के शिक्षा मंत्रालय ने एक दस्तावेज 'शिक्षा की चुनौती : नीति संबंधी परिप्रेक्ष्य' प्रकाशित किया। इस दस्तावेज पर देश भर में विस्तारपूर्वक चर्चा हुई। कई शैक्षिक गोष्ठियों तथा सम्मेलनों का आयोजन किया गया। तदुपरांत शिक्षा मंत्रालय, भारत सरकार ने 1986 में नई शिक्षा नीति की घोषणा की। नई शिक्षा नीति में भावी शिक्षा नीति की रणनीति निहित है। इस नीति में 1992 में कुछ संशोधन किए गए। इस शिक्षा नीति का विशेष महत्त्व है, क्योंकि इसीमें शिक्षा नीति के दिशा-निर्देश दिए गए हैं।

यहाँ प्रौढ़ शिक्षा संबंधी शिक्षा नीति में दिए गए दिशा-निर्देशों का विवरण दिया जा रहा है।

राष्ट्रीय शिक्षा नीति के चौथे भाग में पैरा दस से तेरह में प्रौढ़ शिक्षा नीति दी गई है।

पैरा 4.10—हमारे प्राचीन ग्रंथों में शिक्षा की परिभाषा इस प्रकार दी गई है कि यह अज्ञानता और दमन से मुक्ति का साधन है। आधुनिक विश्व में शिक्षा द्वारा पढ़ने और लिखने की योग्यता स्वाभाविक रूप से आ जानी चाहिए, क्योंकि यही ज्ञान का मुख्य साधन है। इसलिए प्रौढ़ साक्षरता सहित प्रौढ़ शिक्षा का इतना महत्त्व है।

राष्ट्रीय शिक्षा नीति (1986) : पैरा 4.11—आज विकास का अहम मुद्‌दा यह है कि किस तरह कुशलताओं को निरंतर बढ़ाया जाए और समाज को जिस तरह की और जिस मात्रा में जनशक्ति की जरूरत हो, उसे तैयार किया जाए। विकास के कार्यक्रमों में उन लोगों की भागीदारी बहुत जरूरी है, जिनको उनका लाभ मिलना है। प्रौढ़ शिक्षा को राष्ट्रीय लक्ष्यों से जोड़ा जाएगा। इन राष्ट्रीय लक्ष्यों में ये सब शामिल हैं—निर्धनता को दूर करना, राष्ट्रीय एकता, पर्यावरण संरक्षण, लोगों की सांस्कृतिक सृजनशीलता का संवर्धन, छोटे परिवार के आदर्श का पालन, महिलाओं की समानता इत्यादि। प्रौढ़ शिक्षा के वर्तमान कार्यक्रमों का पुनरावलोकन करके उन्हें मजबूत बनाया जाएगा।

संशोधित (1992) : पैरा 4.11—संपूर्ण राष्ट्र राष्ट्रीय साक्षरता मिशन के माध्यम से निरक्षरता उन्मूलन, विशेष रूप से संपूर्ण साक्षरता अभियानों पर विशेष बल देते हुए विभिन्न उपायों द्वारा 15-35 आयुवर्ग में निरक्षरता उन्मूलन, के लिए वचनबद्ध है। केंद्र और राज्य सरकारों, राजनीतिक दलों और जन संघटनों, जनसंचार माध्यमों और शिक्षा संस्थाओं, शिक्षकों, छात्रों, युवाओं, स्वैच्छिक एजेंसियों, सामाजिक कार्यकर्ता समूहों और नियोक्ताओं को जन शिक्षा अभियानों के प्रति अपनी प्रतिबद्धता दोहरानी चाहिए जिसमें साक्षरता, कार्यसाधक ज्ञान और कौशल और सामाजिक-आर्थिक वास्तविकता के प्रति शिक्षार्थियों की जागरूकता और इसमें परिवर्तन कर सकने की संभावना शामिल है।

राष्ट्रीय शिक्षा नीति (1986) : पैरा 4.12—समूचे देश को निरक्षरता उन्मूलन के लिए निष्ठापूर्वक कटिबद्ध होना है, खासकर 15-35 आयुवर्ग के निरक्षर लोगों की। केंद्रीय सरकार और राज्य सरकारों, राजनीतिक दलों तथा उनके जन संघटनों, जनसंचार के माध्यमों और शिक्षा संस्थाओं को विविध प्रकार के जन साक्षरता कार्यक्रमों को सफल बनाने के लिए प्रतिबद्ध होना होगा। इस कार्य में शिक्षकों, युवा वर्ग, छात्र-छात्राओं, स्वैच्छिक संस्थाओं और नियोजकों आदि को

बड़े पैमाने पर शामिल करना होगा। शोध संस्थानों की सहायता से शैक्षिक पहलुओं में सुधार लाने के ठोस प्रयास किए जाएँगे। साक्षरता के अलावा, कार्यात्मक ज्ञान और कुशलताओं का विकास तथा शिक्षार्थियों में सामाजिक-आर्थिक वास्तविकता की समझ पैदा करना और इस स्थिति को बदल सकने की संभावना के प्रति उन्हें सचेत बनाना प्रौढ़ शिक्षा का अंग होगा।

संशोधित (1992) : पैरा 4.12—चूँकि विकास कार्यक्रमों में साक्षरता अभियानों के सहभागियों को शामिल करना अत्यधिक महत्त्वपूर्ण है, राष्ट्रीय साक्षरता मिशन को निर्धनता उन्मूलन, राष्ट्रीय एकता, पर्यावरण संरक्षण, छोटे परिवार के आदर्श, महिला समानता को बढ़ावा, प्राथमिक शिक्षा का सर्वसुलभीकरण, प्राथमिक स्वास्थ्य देखभाल आदि जैसे राष्ट्रीय लक्ष्यों के अनुरूप ढालना होगा। यह लोगों की सांस्कृतिक सृजनात्मकता में गतिशीलता लाने और विकास प्रक्रिया में उनकी भागीदारी को सुकर भी बनाएगा।

राष्ट्रीय शिक्षा नीति (1986) : पैरा 4.13—विभिन्न पद्धतियों और माध्यमों का उपयोग करते हुए प्रौढ़ तथा सतत शिक्षा का एक व्यापक कार्यक्रम कार्यान्वित किया जाएगा। इसके अंतर्गत निम्न प्रकार के कार्यक्रम आएँगे—

(i) ग्रामीण क्षेत्रों में सतत शिक्षा केंद्रों की स्थापना।
(ii) नियोजकों, मजदूर संगठन और संबंधित सरकारी एजेंसियों के द्वारा श्रमिकों की शिक्षा।
(iii) उच्च शिक्षा की संस्थाओं द्वारा सतत शिक्षा।
(iv) पुस्तकों के लेखन व प्रकाशन को तथा पुस्तकालयों और वाचनालयों को बड़े पैमाने पर प्रोत्साहन।
(v) जन शिक्षण और समूह शिक्षण के साधन के रूप में रेडियो, दूरदर्शन और फिल्मों का उपयोग।
(vi) शिक्षार्थियों के समूहों और संघठनों का सृजन।
(vii) दूर शिक्षण के कार्यक्रम।

प्रौढ़ शिक्षा पर राममूर्ति रिपोर्ट (1990)

राष्ट्रीय शिक्षा नीति-1986 के क्रियान्वयन की समीक्षा करने के लिए भारत सरकार के शिक्षा विभाग ने एक समिति का गठन किया, जिसके अध्यक्ष राममूर्ति थे। यहाँ समीक्षा समिति का प्रौढ़ शिक्षा संबंधी समीक्षा का सारांश दिया जा रहा है।

लिखने और पढ़ने की सुविधा सुलभ कराने के अतिरिक्त प्रौढ़ शिक्षा निर्धनता

से मुक्ति, राष्ट्रीय एकता, पर्यावरण की सुरक्षा, लोगों में सांस्कृतिक संरचना के संपोषण, छोटे परिवार के सिद्धांत का अनुपालन तथा नारी समता की उन्नति से भी संबद्ध रखती है। केंद्र एवं राज्य सरकारों, राजनीतिक दलों तथा उनके जन समुदायों के अतिरिक्त शिक्षकों, छात्रों, युवकों, कर्मचारियों, स्वैच्छिक संस्थाओं सहित संपूर्ण राष्ट्र के उत्तरदायित्व के रूप में प्रौढ़ शिक्षा का उल्लेख किया गया है। प्रयोजनमूलक साक्षरता को प्रौढ़ शिक्षा के एक महत्त्वपूर्ण अंग के रूप में मान्यता दी गई है।

समिति का परिप्रेक्ष्य

राष्ट्रीय शिक्षा नीति की समीक्षा करनेवाली समिति के गठित किए जानेवाले संकल्प से विदित होता है कि स्वतंत्रता-प्राप्ति के बाद से सामाजिक और आर्थिक विकास की दिशा में किए गए प्रयासों के बावजूद हमारे देश के अधिकांश लोग अभी भी उस शिक्षा से वंचित हैं, जो मानव विकास की बुनियादी आवश्यकताओं में से एक है। यह भी अत्यंत क्षोभ की बात है कि विश्व के निरक्षरों में से 50 प्रतिशत हमारे देश में हैं और एक बहुत बड़ी संख्या में बच्चे प्राथमिक शिक्षा के स्वीकार्य स्तर से वंचित रह जाते हैं। शिक्षा को एक मानवाधिकार तथा अधिक मानवीय और प्रबुद्ध समाज की ओर अग्रसर होने के साधन के रूप में सरकार सर्वोपरि मान्यता देती है। यह जरूरी है कि शिक्षा को महिलाओं, पिछड़े वर्ग के लोगों तथा अल्पसंख्यकों को समानता का हक प्राप्त कराने का एक प्रभावी साधन बनाया जाए। इसके अतिरिक्त शिक्षा को कार्य तथा रोजगारोन्मुख बनाया जाना आवश्यक है।

प्रौढ़ शिक्षा की विषय-वस्तु एवं प्रक्रिया को प्रौढ़ साक्षरता से पृथक् पुनर्गठित किया जाना है। अनुरक्षण, विकास तथा न्याय की विषय-वस्तु, अध्यापन कला तथा वयस्कों के सीखने की परिस्थिति के साथ सहयोजित करना है, ताकि छात्रों की आवश्यकता के रूप में महसूस किए जाने पर साक्षरता सहज रूप से उपलब्ध हो सके। प्रौढ़ निरक्षरों को अपने बच्चों को स्कूलों में शिक्षा पाने के लिए भेजने हेतु प्रोत्साहित किया जाए। अन्य उद्देश्य लोकतंत्र तथा पंचायती राज के लिए शिक्षा, हिंसा, जातिवाद, संप्रदायवाद, नर-नारी के बीच भेदभाव तथा अन्य कुरीतियों को दूर करने से संबंधित हो सकते हैं।

विगत अनुभव

भूतकाल में मुख्य रूप से निम्नलिखित कारणों से प्रौढ़ शिक्षा के कार्यक्रम असफल रहे हैं—

- प्रौढ़ साक्षरता के प्रारंभ करने के प्रयास किए जाते हैं, यह अकसर एक अनुभूत आवश्यकता नहीं समझी गई, प्रौढ़ सकारात्मक रूप नहीं अपनाता।
- प्रौढ़ साक्षरता विस्तृत सामाजिक संदर्भ में नहीं देखी जाती। प्रौढ़ों के विकास की आवश्यकताओं की संपूर्ण कड़ी, जिसमें अवशेष, रोजगार, स्वास्थ्य आदि सम्मिलित हैं, व्यवस्थित नहीं है। यह महसूस करने में कामयाबी नहीं मिलती है कि निरक्षरता मात्र एक प्रकार का अपवाद है, जिसका संबंध उन लोगों से है जो अपने लिए संपन्नता का न्यूनतम स्तर भी प्राप्त नहीं कर पाते।
- इस समस्या को पढ़ना और लिखना सीखने की शिक्षण पद्धतियों के संदर्भ में विशेष रूप से देखा गया है।

प्रौढ़ शिक्षा संबंधी जन आंदोलन के बारे में समीक्षा समिति ने निम्नलिखित दोष देखे—

- केंद्र पर आधारित योजना की पहल में एक ही बार में पारी परिवर्तन संभव नहीं है, क्योंकि प्रौढ़ शिक्षा की प्रचलित प्रक्रिया में गंभीर बाधाएँ उत्पन्न हो सकती हैं।
- अभियान पद्धति भारत के सभी भागों में लागू नहीं की जा सकती। इसका प्रमुख कारण भारत के विभिन्न राज्यों में जागरूकता के अलग-अलग स्तर हैं।
- कुछ ऐसे स्थान हो सकते हैं, जहाँ निरक्षरों की संख्या कम हो, उन स्थानों पर छात्रों के छोटे-छोटे वर्गों की देखभाल करना मितव्ययी नहीं होगा।
- अभियान पद्धति को व्यापक रूप से लागू नहीं किया जा सकता, जब तक किसी क्षेत्र विशेष पर पड़नेवाले प्रभाव का समुचित मूल्यांकन न कर लिया जाए, जहाँ यह पद्धति अपनाई जा रही हो।

यह भी देखना है कि इन प्रारंभिक अभियानों द्वारा विभिन्न क्षेत्रों में उत्पन्न किया गया उत्साह प्रभावपूर्ण साक्षरता कक्षाओं में पहुँचाया जा सके और फिर साक्षरता की उपलब्धि में देखा जा सके। अंतिम परिणाम चाहे कुछ भी हो, किंतु इस तथ्य को अस्वीकार नहीं किया जा सकता कि प्रौढ़ साक्षरता को राष्ट्रीय कार्यसूची

में रखने तथा कुछ निश्चित क्षेत्रों में युवकों के बीच साक्षरता के लिए उत्साह की सीमा तैयार करने में भी राष्ट्रीय साक्षरता मिशन सफल हो गया है।

एर्नाकुलम का उदाहरण

वर्ष 1989 में एर्नाकुलम में अभियान प्रारंभ करने से पूर्व साक्षरता का परिसीमन स्तर 90 प्रतिशत से ऊपर था। एक बड़े और सुविचारित प्रयास से यह स्तर एक वर्ष से कम समय में लगभग 98 प्रतिशत तक पहुँच गया। इस प्रकार एर्नाकुलम जिले को शत-प्रतिशत साक्षर होने का दर्जा प्राप्त हो गया, जो भारत में सबसे पहला है। एर्नाकुलम में उच्च साक्षरता दर की सफलता स्कूली शिक्षा कार्यक्रम का प्रतिफल है। इसने अनुकूल सामाजिक-सांस्कृतिक स्थितियाँ प्रदान की हैं, जिनकी भारत के उन भागों में संभावना नहीं की जा सकती, जहाँ साक्षरता की दर 20 से 30 प्रतिशत के बीच है। शैक्षिक रूप से पिछड़े दस राज्यों के संबंध में विशेष रूप से हिंदीभाषी राज्यों—उत्तर प्रदेश, बिहार, मध्य प्रदेश तथा राजस्थान की तुलना में एर्नाकुलम, इस मामले में पूरा केरल राज्य, उदाहरण प्रस्तुत करता है कि किस प्रकार साक्षरता को विकास तथा सामाजिक-सांस्कृतिक तत्त्वों से जोड़ा जा सकता है। इस शताब्दी के अंत में संपूर्ण भारत से निरक्षरता उन्मूलन के लिए हमारी योजनाओं में हमें इस निष्ठुर वास्तविकता की अनदेखी नहीं कर देनी चाहिए, जो अब तक भारत के बहुत बड़े जनसमुदाय को शिक्षा के लाभ से वंचित रखने के लिए उत्तरदायी रही है।

महिला समाख्या मॉडल

इस संबंध में समिति प्रौढ़ शिक्षा के एक वैकल्पिक मॉडल के प्रति मुखापेक्षी है, जो स्वयं मंत्रालय द्वारा ही उन्नत किया गया है। यह विकल्प महिला समाख्या के डिजाइन के रूप में देखा जा सकता है, जो राष्ट्रीय शिक्षा नीति के अनुपालन हेतु महिलाओं को अधिकार प्रदान करने के लिए मंत्रालय की एक योजना है। 15-35 आयुवर्ग में अधिसंख्य महिलाएँ कामकाजी हैं। साक्षरता का उनसे विशेष संबंध है। इसके अनुसार महिला समाख्या कार्यक्रम मुख्य रूप से विकास तथा सामाजिक न्याय जैसे—स्वास्थ्य सेवाएँ, न्यूनतम मजदूरी, जल आदि मुद्दों पर बल देता है। राष्ट्रीय साक्षरता मिशन के साक्षरता प्रारंभ करने तथा इसपर ध्यान केंद्रित करने की पहल के विपरीत महिला समाख्या की रूपरेखा जीवन सापेक्ष मुद्दों से संबंध रखने तथा साक्षरता के लिए भागीदार बनने की कामना को लेकर तैयार की गई है। अपने

समाज की बदलती हुई भूमिका के प्रति जागरूकता बढ़ने के परिणामस्वरूप निर्धन महिलाओं के वर्गों में जब साक्षरता की आवश्यकता महसूस की जाए तो महिला समाख्या के अनुरूप प्रत्येक महिला को साक्षरता की ओर बढ़ना चाहिए।

सिफारिशें

(i) साक्षरता प्रदान करना वयस्क की विकासात्मक आवश्यकताओं के संदर्भ में समझा जाना चाहिए। प्रौढ़ शिक्षा के कार्यक्रमों को स्वास्थ्य पोषण, आवास तथा रोजगार संबंधी आवश्यकताओं के साथ रखकर परखना चाहिए। उन्हें मूलभूत अधिकारों, कानूनी धर्मनिरपेक्षता तथा जनतंत्र जैसे मुद्दों के साथ भी संबद्ध करना चाहिए। इन अनिवार्य आवश्यकताओं के प्रति जागरूकता उत्पन्न करने के बाद वयस्क छात्र से स्वत: ही अपेक्षा की जाती है कि वह साक्षरता की आवश्यकता को महसूस करे और इसकी माँग करे। प्रौढ़ साक्षरता का प्रारंभ करने से पूर्व मूलभूत आवश्यकताओं के प्रति जागरूकता उत्पन्न की जानी चाहिए और तब प्रौढ़ साक्षरता की ओर लौटना चाहिए।

(ii) जब जन अभियान नीति को आगे बढ़ाने की कोशिश की जाए, तो महिला समाख्या के माध्यम से शिक्षा विभाग द्वारा प्रयुक्त वैकल्पिक मॉडलों का भी निकट से निर्देश दिया जाना चाहिए तथा प्रौढ़ साक्षरता के प्रति इसके प्रयोग की परख की जानी चाहिए। साथ ही यह भी विचार करना चाहिए कि इस योजना का उद्देश्य जीवन और उसके द्वारा महसूस की गई आवश्यकताओं के संबंध में जागरूकता पैदा करना है।

(iii) जन अभियान नीति तथा महिला समाख्या मॉडल का सोद्देश्य मूल्यांकन किया जाना चाहिए, ताकि भविष्य के लिए सार्थक सबक ग्रहण किया जा सके।

(iv) मूलभूत अधिकारों एवं सामाजिक न्याय आदि की विकासात्मक समस्याओं और मामलों को लेकर निरक्षरों की अधिकांश आबादी अकसर अपने आपको सरकारी अधिकारियों के साथ संघर्ष की स्थिति में पाती है। इसलिए प्रौढ़ शिक्षा कार्यक्रमों, स्वैच्छिक संस्थाओं, सामुदायिक वर्गों, राजनीतिक दलों तथा उनके जन संगठनों के लिए वास्तविक कदम उठाने हेतु सुविधाएँ प्रदान की जानी चाहिए।

(v) जन राष्ट्रीय साक्षरता मिशन अपने नियोजित साक्षरता अभियान के प्रति

आठवीं पंचवर्षीय योजना के दौरान अग्रसर हो रहा है, तो यह निष्कर्ष निकालने के लिए कि यथाशीघ्र प्रौढ़ निरक्षरता को दूर करने के लिए उचित नीतियाँ क्या हो सकती हैं, इससे संबंधित कार्यक्रम के मूल्यांकन हेतु एक निष्पक्ष अध्ययन दल की स्थापना की जानी चाहिए। मूल्यांकन के समय विभिन्न वैकल्पिक मॉडलों की परख की जा सकती है तथा भारत के विभिन्न भागों में परस्पर विरोधी सामाजिक, सांस्कृतिक तथा राजनीतिक दशाओं के परिप्रेक्ष्य में उनके संदर्भ का अध्ययन किया जा सकता है। सोद्देश्य आधार पर इस अध्ययन से यह पता लगाना चाहिए कि किस प्रकार की पहलों का कोई प्रतिफल नहीं निकलता, ताकि पाँच वर्ष बाद उन मॉडलों को प्रोत्साहन न दिया जाए।

(vi) शिक्षा विभाग को ग्रामीण विकास विभाग तथा श्रम मंत्रालय के साथ तालमेल रखना चाहिए तथा वयस्क निरक्षरों में व्यावसायिक कुशलता के लिए कार्यक्रम तैयार करने चाहिए। साथ ही ट्राईसैम (स्वरोजगार के लिए युवकों का प्रशिक्षण) जैसे कार्यक्रमों से धन सुलभ करवाना चाहिए। प्रौढ़ निरक्षरों को व्यावसायिक कुशलता का प्रशिक्षण देने के लिए व्यापक पैमाने पर सामुदायिक प्रौद्योगिक प्रशिक्षण संस्थानों को भी कार्यरत करना चाहिए। इससे प्रौढ़ निरक्षरों को रोजगार के अवसर सुलभ होंगे और एक अनिवार्य आवश्यकता के रूप में प्रौढ़ साक्षरता के लिए माँग उत्पन्न करने की प्रक्रिया में मूलभूत आवश्यकताओं और जीवन के मुद्दों के प्रति जागरूकता बढ़ेगी।

(vii) नव साक्षरों को ऐसे वातावरण में रखा जाए, जिसका वे लिखित शब्द की चुनौती के साथ लगातार सामना कर सकें।

(viii) निरक्षर प्रौढ़ वे हैं, जो या तो शिक्षा के मार्ग को प्राप्त नहीं कर सके या शिक्षा का मार्ग प्राप्त करने के बावजूद अपनी स्कूली शिक्षा पूरी करने में विफल रहे। अपेक्षाकृत साक्षरता का अपरिवर्तनीय स्तर प्राप्त करने के लिए किसी व्यक्ति को स्कूल में कम-से-कम चार वर्ष तक रहना चाहिए। साक्षरता एक प्रकार का प्राथमिक प्रशिक्षण होना चाहिए, जिसके द्वारा किसी वयस्क को यथावश्यक ज्ञान प्राप्त करना संभव हो सके। यह आवश्यक है कि शैक्षिक नियोजन तथा संसाधनों के आवंटन के समय प्रारंभिक शिक्षा के सर्वीकरण को सर्वोच्च प्राथमिकता दी जाए। उद्देश्य यह होना चाहिए कि प्रारंभिक वर्षों में कोई भी बालक अगली शताब्दी में

निरक्षर वयस्क के रूप में बड़ा न हो। यदि इतना प्राप्त कर लिया जाए तो हम भारत में निरक्षरता को मुख्य रूप से बढ़ानेवाले तथ्य को नियंत्रित कर पाने में सफल हो जाएँगे, जो स्कूली शिक्षा में कम दर की भागीदार है।

राष्ट्रीय साक्षरता मिशन संबंधी विशेषज्ञों के दल की रिपोर्ट (1994)

प्रो. अरुण घोष की अध्यक्षता में गठित विशेषज्ञ दल ने राष्ट्रीय साक्षरता मिशन के कार्य का मूल्यांकन 1993-94 में किया तथा इसके पश्चात् भारत सरकार को अपनी संस्तुतियाँ दीं। इस रिपोर्ट के मुख्य निष्कर्ष निम्नलिखित हैं—

1. राज्य स्तर पर चार-पाँच व्यक्तियों का एक दल गठित किया जाए, जो राज्य में साक्षरता अभियान के विभिन्न पक्षों का मॉनीटरिंग करे। इस दल के सदस्य वे व्यक्ति हों, जिनकी साक्षरता अभियान में पूरी निष्ठा हो।
2. साक्षरता प्राप्त करनेवालों को जो पाठ्य सामग्री दी जा रही है, उसका मूल्यांकन करके उसमें से उन सारे तथ्यों को निकाल दिया जाए, जो उनके स्वाभिमान को ठेस पहुँचानेवाले हों।
3. हिंदीभाषी राज्यों में प्रौढ़ शिक्षा के प्रति राजनीतिक प्रतिबद्धता को मजबूत करने की आवश्यकता है।
4. हिंदीभाषी राज्यों में विकास कार्य तथा साक्षरता अभियान को जोड़ा जाए।

□

राष्ट्रीय साक्षरता मिशन (1988)

उद्देश्य तथा लक्ष्य

प्रौढ़ शिक्षा के विकास में राष्ट्रीय साक्षरता मिशन का विशेष महत्त्व है। 5 मई, 1988 को चलाए गए मिशन का मुख्य उद्देश्य था—1995 तक 15-35 आयुवर्ग के आठ करोड़ निरक्षर व्यक्तियों को कार्यात्मक साक्षरता प्रदान करना—तीन करोड़ को 1990 तक और शेष पाँच करोड़ को 1995 तक।

इस कार्यक्रम में बाद में कुछ संशोधन किया गया, जिसके अनुसार दस करोड़ प्रौढ़ों को 1998-99 तक साक्षर बनाना और 2005 तक भारत में निरक्षरता को समाप्त करना तथा पूर्ण साक्षरता प्राप्त करना निश्चित किया गया।

मानव संसाधन मंत्रालय, भारत सरकार, शिक्षा विभाग की वार्षिक रिपोर्ट 1997 के अनुसार, आठ करोड़ निरक्षरों का 1988-96 के बीच नामांकन किया गया तथा उनमें से 3.8 करोड़ को साक्षर बनाया गया।

कार्यात्मक साक्षरता का अभिप्राय

कार्यात्मक साक्षरता से मिशन का अभिप्राय इस प्रकार है—

- साक्षरता (पढ़ने-लिखने) और गणित में आत्मनिर्भर होना।
- अपनी गिरी हुई दशा को जानना तथा संगठित होकर विकास कार्यों के द्वारा अपनी दशा को सुधारने का प्रयास करना।
- अपनी आर्थिक स्थिति तथा जीवन स्तर को ऊँचा उठाने हेतु नए कौशल सीखना अथवा वर्तमान कौशलों में वृद्धि करना।
- राष्ट्रीय एकता, जनतंत्र, धर्मनिरपेक्षता, पर्यावरण संरक्षण, महिला और पुरुषों में समानता, छोटा परिवार आदि सामाजिक मूल्यों को अपने जीवन में स्थान देना।

राष्ट्रीय साक्षरता मिशन के लिए बजट का प्रावधान

मिशन के प्रोग्राम के क्रियान्वयन के लिए 1987 से 1990 तक की अवधि के लिए पाँच अरब पचास करोड़ रुपए की व्यवस्था की गई। इसमें तीन अरब चालीस करोड़ रुपए की राशि भारत सरकार तथा शेष दो अरब दस करोड़ रुपए राज्य सरकारों के लिए। आठवीं पंचवर्षीय योजना में प्रौढ़ शिक्षा पर 1794 करोड़ रुपए का प्रावधान किया गया। वर्ष 1995-96 में प्रौढ़ शिक्षा पर 330.67 करोड़ रुपए का प्रावधान था। 1997-98 में 84.48 करोड़ तथा 1998-99 में 97.35 करोड़ रुपए का प्रावधान था।

राष्ट्रीय साक्षरता मिशन प्राधिकरण

राष्ट्रीय स्तर पर प्रौढ़ शिक्षा कार्यक्रम को चलाने के लिए राष्ट्रीय साक्षरता मिशन की स्थापना की गई। इस प्राधिकरण का ढाँचा नीचे दिया जा रहा है—

राष्ट्रीय साक्षरता मिशन प्राधिकरण

↓

प्रौढ़ शिक्षा निदेशालय

↓

राज्य प्रौढ़ शिक्षा प्राधिकरण

↓ ↓

राज्य प्रौढ़ शिक्षा निदेशालय — राज्य संसाधन केंद्र

↓ ↓

जिला प्रौढ़ शिक्षा अधिकारी

↓

परियोजना अधिकारी

↓

सहायक परियोजना अधिकारी

↓

पर्यवेक्षक

↓

अनुदेशक/प्रेरक

↓

सहायक अनुदेशक

जन शिक्षण निलयम (ज.शि.नि.)

उत्तर साक्षरता और सतत शिक्षा के लिए पाँच हजार आबादीवाले प्रत्येक चार-पाँच गाँवों के समूह के लिए एक जन शिक्षण निलयम खोलने का प्रावधान किया गया। इसका उद्देश्य न केवल सीखनेवाले को अपनी साक्षरता तथा गणित में कौशल बढ़ाने में सहायता करना था, अपितु विभिन्न विकास कार्यों के बारे में जानकारी देना भी था।

संसाधन ढाँचा

राष्ट्रीय स्तर पर इस कार्यक्रम को तकनीकी संसाधन प्रदान करने में सहायता देना प्रौढ़ शिक्षा निदेशालय के जिम्मे था। राज्य स्तर पर यह कार्य राज्य संसाधन केंद्रों को सौंपा गया। इसी प्रकार की व्यवस्था जिला स्तर पर की गई।

वित्तीय मानदंड

ग्रामीण कार्यात्मक साक्षरता परियोजना के अंतर्गत तीन सौ प्रौढ़ शिक्षा केंद्रोंवाली परियोजनाओं के लिए निम्न वित्तीय मानदंड रखा गया—

1. अनुदेशकों/केंद्र संयोजक को मानदेय बारह मास के लिए — रु. 1200.00
2. बेसिक पाठ्य सामग्री (तीस प्रौढ़ों हेतु)

प्रथम चरण—(i) एक प्राइमर, एक कार्य पुस्तिका, एक स्लेट, दो कॉपियाँ, स्लेट पेंसिलें, सिक्केवाली पेंसिलें, अनुपूरक सामग्री — रु. 480.00

(ii) शिक्षक के लिए गाइड, चार्ट, डस्टर आदि — रु. 64.00

द्वितीय चरण—(i) दो पुस्तकें, एक कॉपी, एक बालप्वाइंट पेन, समाचार पत्र — रु. 430.00

(ii) पाँच लालटेन, मिट्टी का तेल, सामाजिक-सांस्कृतिक गतिविधियों का आयोजन — रु. 3054.00

राष्ट्रीय साक्षरता मिशन के मुख्य तत्त्व

1. प्रौढ़ों को साक्षरता कार्यक्रम के लिए अभिप्रेरित करना।
2. जन सहयोग प्राप्त करने के प्रयत्न करना।
3. स्वैच्छिक संस्थाओं को बड़े पैमाने पर प्रौढ़ कार्य से जोड़ना।
4. चल रहे कार्यक्रमों में आवश्यक सुधार लाना।
5. लोक अभियान या जन आंदोलन चलाना।

6. सतत शिक्षा की उचित व्यवस्था करना।
7. सभी स्थानों/क्षेत्रों में प्रौढ़ शिक्षा सुविधाएँ उपलब्ध कराना।
8. तकनीकी शिक्षण सिद्धांत तथा टेक्नोलॉजी का प्रयोग करना।
9. साक्षरता मिशन के संगठन की उचित व्यवस्था करना।
10. मॉनीटरिंग और मूल्यांकन की उपयुक्त व्यवस्था करना।

हममें से प्रत्येक राष्ट्रीय साक्षरता मिशन की सहायता कर सकता है—कैसे?

- अनुदेशक बनकर।
- वॉलंटियर बनकर एक निरक्षर को पढ़ाकर।
- प्रौढ़ केंद्र में सांस्कृतिक कार्यक्रम आयोजित करके।
- किसी निरक्षर का मार्गदर्शन करके कि उक्त प्रौढ़ शिक्षा केंद्र या कार्यकर्ता से शिक्षा ग्रहण कर सकता है।
- एक शिक्षित व्यक्ति को एक अनपढ़ को पढ़ाने के लिए तैयार करके।
- अपने हुनर व तकनीक का प्रौढ़ शिक्षा केंद्र में इस्तेमाल करके।
- जब माता पढ़ने जाए तो बच्चे की देखभाल करके।
- प्रौढ़ की घरेलू कार्य में सहायता करके।
- सहायक अनुदेशक बनकर।
- अपने कर्मचारी को कार्य समय में ही केंद्र में जाकर पढ़ने की आज्ञा देकर।
- जो संस्था कार्यक्रम चला रही है, उसे कार्यक्रम की कमजोरियों व उन्हें दूर करने के सुझाव देकर।
- प्रौढ़ों को उनके जीवन को प्रभावित करनेवाले भ्रष्टाचार व अन्याय के विरुद्ध लड़ने के लिए संगठित करके।
- कक्षा में जाकर प्रौढ़ों में वैज्ञानिक दृष्टिकोण विकसित करने का प्रयास करके।
- अपने अनपढ़ माता-पिता को पढ़ाकर।
- जन शिक्षण निलयम को पुस्तकें दान करके।
- धार्मिक स्थानों पर प्रौढ़ शिक्षा केंद्र खुलवाकर।
- किसी सामाजिक संस्था को इस कार्यक्रम में भाग लेने के लिए प्रेरित करके।

□

महिला प्रौढ़ शिक्षा तथा महिला समाख्या कार्यक्रम

शिक्षा के माध्यम से महिलाओं को सामर्थ्यवान बनाना

शिक्षा के क्षेत्र में व्याप्त असमानताओं को दूर करना तथा 'महिलाओं के पक्ष में एक सुविचारित छोर' पैदा करना राष्ट्रीय शिक्षा नीति की महत्त्वपूर्ण बातों में से एक है।

इसीके परिणामस्वरूप सभी शैक्षिक हस्तक्षेप में लैंगिक जागरूकता, लैंगिक संवेदनशीलता और लैंगिक वेटेज को अनिवार्य रूप से स्थान प्रदान किया गया है।

- महिला सामर्थ्य को शिक्षा के साथ जोड़नेवाले कई सफल प्रयासों में से एक सबसे अधिक सफल प्रयास माना गया है—महिला समाख्या। आंध्र प्रदेश, गुजरात, कर्नाटक और उत्तर प्रदेश के सत्रह जिलों में यह कार्यक्रम चल रहा है। समाख्या दृष्टिकोण इस बोध के साथ प्रारंभ होता है कि महिलाएँ अपनी समस्याओं को जानें तथा अपने हिसाब से उनका हल निकालें।
- सामर्थ्यवान बनाने की प्रक्रिया में एक महत्त्वपूर्ण कारक है महिला संघ। संघ एक ऐसा मंच है, जहाँ महिलाएँ एकत्र होकर अपनी समस्याओं का विश्लेषण कर सकती हैं तथा अपने अनुभवों का आदान-प्रदान कर सकती हैं। बिहार शिक्षा परियोजना, मध्य प्रदेश और असम में जिला प्राथमिक शिक्षा कार्यक्रम समेत अनेक बुनियादी शिक्षा कार्यक्रमों में समाख्या दृष्टिकोण को सफलतापूर्वक अपनाया गया है।
- संपूर्ण साक्षरता अभियान शिक्षा के लिए माँग, खासकर महिलाओं के बीच, बढ़ाने में सफल रहे हैं। 417 जिलों में से अधिकांश जिलों में

कार्यक्रम में नामांकित प्रौढ़ों में महिलाओं का प्रतिशत 60 से अधिक ही है। इन कक्षाओं से महिलाओं को न्यूनतम मजदूरी के लिए संघर्ष करने की प्रेरणा मिली है तथा इनके फलस्वरूप मद्य निषेध का अभियान शुरू हो गया है।

- अभियान के रूप में चलाया जानेवाला यह कार्यक्रम शैक्षिक प्रक्रिया में भाग लेने के लिए महिलाओं और लड़कियों को आकर्षित करने का काम सक्रियता से करता है। 178 टी.एल.सी. जिलों में उत्तर साक्षरता अभियान शुरू हो गए हैं तथा इनमें नव साक्षर शिक्षुओं की आवश्यकताओं का ध्यान रखा जाता है। टी.एल.सी. का धीरे-धीरे शैक्षिक दृष्टि से पिछड़े राज्यों में विस्तार किया जा रहा है।
- प्रौढ़ महिलाएँ निरक्षर न रहें, इसके लिए सबसे पहले तो यह जरूरी है कि इस समस्या को प्राथमिक स्तर पर हल किया जाए। ऑपरेशन ब्लैकबोर्ड की योजना के तहत नियुक्त किए गए 1.47 लाख शिक्षकों में से 47 प्रतिशत या 69,090 महिलाएँ थीं। भविष्य में ऐसी उम्मीद है कि नियुक्त शिक्षकों में से कम-से-कम आधी महिलाएँ होंगी।

महिला समाख्या कार्यक्रम की प्रमुख विशेषताएँ

महिला समाख्या कार्यक्रम राष्ट्रीय शिक्षा नीति में अधिवेशित महिलाओं की शिक्षा के समर्थन में सकारात्मक कार्रवाई के प्रति वचनबद्धता का सीधा परिणाम है। महिलाओं की शिक्षा तथा उन्हें सामर्थ्यवान बनाने के प्रति समर्पित महिला समाख्या कार्यक्रम एक ऐसा अध्ययन माहौल सृजित करने के लिए प्रयासरत है, जहाँ महिलाएँ सामूहिक रूप से अपनी क्षमता का अहसास कर सकती हैं, सूचना और ज्ञान की माँग करने की शक्ति हासिल कर सकती हैं तथा अपने जीवन को बदलने एवं उसपर अपना नियंत्रण स्थापित करने के लिए अग्रसर हो सकती हैं।

शिक्षा को सीखने और सामर्थ्यवान होने की सतत रूप से चलनेवाली प्रक्रिया के रूप में लिया जाता है, जो सिर्फ साक्षरता से परे हटकर है। यह कार्यक्रम, जो वर्तमान कार्यसूची पर पूर्व निर्धारित लक्ष्यों से बँधा नहीं है, ग्रामीण निर्धन महिलाओं की अभिव्यक्त जरूरतों को पूरा करता है तथा उनको अभिकल्पित करता है। संघ (ग्राम स्तरीय महिला समूह) वह केंद्रबिंदु है, जिसके चारों तरफ कार्यक्रम घूमता है।

महिलाओं को गतिशील और संगठित करने की प्रक्रिया 'सहयोगिनी' (दस गाँवों की प्रभारी समूह समन्वयक) द्वारा सुसाध्य बनाई जाती है। वह ग्राम संघ तथा

कार्यक्रम की जिला कार्यान्वयन इकाई के बीच की महत्त्वपूर्ण कड़ी होती है। जिला कार्यान्वयन इकाई महिलाओं की जरूरतों को पूरा करने के लिए संसाधन सहायता तथा निवेश उपलब्ध कराती है; जबकि जिला इकाइयों की मदद राज्य कार्यालय द्वारा की जाती है, जो सुसाध्यकारी वातावरण का सुनिश्चय करता है तथा कार्यक्रम के लिए आवश्यक संसाधन निवेश जुटाता है। राज्य स्तर पर एक स्वायत्त पंजीकृत सोसाइटी, कार्यक्रम की निगरानी के लिए अधिकार प्राप्त संस्था के रूप में गठित की गई है। राष्ट्रीय स्तर पर कार्यक्रम का समन्वय परियोजना निदेशक द्वारा किया जाता है। एक राष्ट्रीय संसाधन समूह, जो कि प्राख्यात महिला कार्यकर्ताओं, शिक्षाविदों, विकास कार्यकर्ताओं तथा अधिकारियों की एक सलाहकार संस्था है, नई अवधारणाओं, विचारों एवं अनुभवों को पेश करके कार्यक्रम की मदद करता है और कार्यक्रम की नीतियों तथा कार्यनीतियों पर कार्यक्रम को सलाह और मार्गदर्शन प्रदान करता है।

महिला समाख्या कार्यक्रम का कार्यक्षेत्र

महिला समाख्या कार्यक्रम के अंतर्गत देश के इकतीस जिले शामिल किए गए हैं। डच वित्त पोषण के तहत यह कार्यक्रम उत्तर प्रदेश, कर्नाटक, गुजरात और आंध्र प्रदेश के पंद्रह जिलों के 2574 से अधिक गाँवों में चलाया जा रहा है। शिक्षा के लिए महिलाओं को प्रेरित करने की दिशा में महिला समाख्या की कार्यनीति की कारगरता के चलते इसे अन्य बुनियादी शिक्षा परियोजनाओं के द्वारा भी अपनाया गया है। आई.डी.ए. सहायता प्राप्त उत्तर प्रदेश बुनियादी शिक्षा परियोजना के माध्यम से उत्तर प्रदेश में छह और जिलों को शामिल किया गया है। बिहार के सात जिलों में बिहार शिक्षा परियोजना के अंग के रूप में यह कार्यक्रम चलाया जा रहा है तथा मध्य प्रदेश के तीन जिलों में कार्यक्रम की मदद जिला प्राथमिक शिक्षा कार्यक्रम द्वारा की जा रही है।

महिला शिक्षण केंद्र

महिला शिक्षण केंद्र किशोरियों तथा युवा महिलाओं के लिए अध्ययन का एक अनोखा अवसर है। यह संस्था महिला समाख्या कार्यक्रम के माध्यम से विकसित हुई है। यह आवासीय कार्यक्रम है, जिसमें बल दिए जानेवाले बिंदु तथा पाठ्यचर्या में स्थान-स्थान पर फर्क होता है; क्योंकि इसे विशिष्ट स्थानीय आवश्यकताओं को पूरा करने के लिए तैयार किया गया है। उत्तर प्रदेश, आंध्र

प्रदेश, कर्नाटक और गुजरात में ऐसे आठ केंद्र चलाए जा रहे हैं। बिहार में पढ़ाई बीच में छोड़नेवाली लड़कियों तथा कभी स्कूल न गई किशोरियों के लिए एम.एस.बी.ई.पी. द्वारा पाँच महिला शिक्षण केंद्र चलाए जा रहे हैं। कर्नाटक में महिला शिक्षण केंद्र विद्यालय छोड़ने, परीक्षाएँ देने के लिए पढ़ाई बीच में छोड़नेवालों की मदद करता है तथा उनकी तैयारी करवाता है। आंध्र प्रदेश में बुनियादी साक्षरता कौशलों, स्वास्थ्य एवं पर्यावरण जागरूकता, संघठन और व्यावसायिक कौशलों को शामिल करने के वास्ते एक एकवर्षीय पाठ्यचर्या विकसित की गई है। उत्तर प्रदेश में पंद्रह से पैंतीस आयुवाले शिक्षुओं को शामिल करते हुए एक नवाचारी और लिंग-आधारित पाठ्यचर्या विकसित की गई है। सघन पाठ्यक्रम की अवधि लगभग छह माह है। ऐसा अनुमान है कि महिला शिक्षण केंद्र ऐसी जागरूक युवा महिलाओं के अध्ययन और प्रशिक्षण को सुसाध्य बनाएगा, जो अपने-अपने समुदायों के विकास में निर्णायक भूमिका निभाएँगी।

संघ-महिलाओं की पढ़ना-लिखना सीखने की माँग और इच्छा से साक्षरता में वृद्धि हुई है। लगभग सभी मामलों में यह माँग तब उभरी है जब महिलाओं का मजदूरी, बचत, सरकारी योजनाओं तक पहुँच, कौशल स्तरोन्नयन, सामाजिक-राजनीतिक ढाँचों के साथ संबंध स्थापित करना जैसे मुद्दों से सरोकार हुआ है। महिला समाख्या ने लिंग संवेदनशील तथा शिक्षुओं के लिए सरल सामग्री तैयार करके और केंद्रों/शिविरों के जरिए साक्षरता प्रयासों को बनाए रखने संबंधी प्रयत्नों के माध्यम से इस माँग को पूरा करने का प्रयास किया है। कुछ मामलों में इन्हें संपूर्ण साक्षरता अभियानों के साथ भी जोड़ा गया है। कर्नाटक में संघों को 'ज्ञान गेलाथियारू' या महिलाओं के लिए मार्गदर्शक प्रकाश की पदवी दी गई, जिन्होंने पढ़ना-लिखना सीख लिया है और अब वे दूसरों को पढ़ा रही हैं। सबसे महत्त्वपूर्ण उपलब्धि रही है उत्तर प्रदेश के बाँदा जिले में स्क्रीन प्रिंटिंग आदि के निर्माण में नव साक्षर महिलाओं का प्रशिक्षण। 'महिला डाकिया', जो बाँदा जिले की महिलाओं द्वारा नियमित रूप से प्रकाशित किया जाता है, को मार्च 1996 में चमेली देवी राष्ट्रीय मीडिया अवार्ड प्रदान किया गया।

महिलाएँ अपने स्वास्थ्य में सुधार कर सकें, इसके लिए—खासकर कर्नाटक और आंध्र प्रदेश में स्वास्थ्य जागरूकता और प्रशिक्षण सुव्यवस्थित ढंग से प्रदान किए जा रहे हैं। इस प्रशिक्षण के अंग के रूप में जड़ी-बूटी ओषधि, जो परंपरागत रूप से महिलाओं के हाथ में रही है, को ढूँढ़कर वापस लाया जा रहा है, उन्हें प्रलेखित किया जा रहा है तथा उनके प्रयोग को वैधता प्रदान की जा रही है। इसके

परिणामस्वरूप संघ-महिलाएँ स्वास्थ्य चिकित्सक के रूप में उभरी हैं। स्वयं संघ भी जड़ी-बूटियों को उगाने तथा इस देशज ज्ञान प्रणाली को जिंदा रखने में जुटे हुए हैं। इसके अतिरिक्त संघों ने कई मामलों में स्वास्थ्य प्रणाली को और जवाबदेह बनाया है तथा ए.एन.एम. का गाँवों में नियमित जाना सुनिश्चित किया है। किशोरियों के लिए एक स्वास्थ्य पाठ्यचर्या भी राज्यों में तैयार की जा रही है।

शिक्षा द्वारा नए संसाधनों की खोज

संसाधनों को प्राप्त करने तथा उनपर नियंत्रण रखने की विधि सीखना महिला समाख्या की अध्ययन प्रक्रिया का एक महत्त्वपूर्ण घटक रहा है। कौन-कोन से संसाधन उपलब्ध हैं, इन्हें कैसे विकसित किया जाए या नए संसाधन कैसे प्राप्त किए जाएँ, उनमें निहित प्रक्रियाएँ क्या-क्या हैं, किन-किन अवरोधों का सामना करना पड़ सकता है—इन सबकी जानकारी देना शिक्षा का अंग है, जो ग्रामीण महिलाओं के लिए उत्तेजक और सूचनापरक है।

महिला समाख्या योजना की विशेष उपलब्धियाँ

गुजरात के राजकोट जिले में महिला समाख्या जिला पंचायत और यूनिसेफ के साथ मिलकर महिलाओं की भागीदारी के माध्यम से हैंडपंप मरम्मत और अनुरक्षण के एक बड़े काम में लगी है। इसका अर्थ हुआ मिस्त्री के रूप में महिलाओं को प्रशिक्षित करना तथा जल समितियों का गठन करना। स्वास्थ्य एवं पर्यावरण संबंधी चर्चाओं के चलते अनेक किस्म के कार्य-कलाप शुरू किए गए हैं। उत्तर प्रदेश के बाँदा जिले में संघ-महिलाएँ वन पंचायतों तथा वानिकी कार्यक्रमों में सक्रियता से लगी हैं। आंध्र प्रदेश के मेडक जिले में स्वास्थ्य प्रशिक्षण के परिणामस्वरूप आठ सौ तीस महिलाओं ने शौचालय स्थापित करने के लिए आवेदन दिया तथा इसके लिए उन्हें निधियाँ और सामग्री संस्वीकृत की गई। इसका परिणाम है—चिनाई में प्रशिक्षण की शुरुआत।

कर्नाटक के बीजापुर जिले में बचत और उधार तक पहुँच, संघों के ध्यानबिंदु रहे हैं। सात लाख रुपए से अधिक बचत पूल के द्वारा संघ अब ग्रामीण महिला बैंक आरंभ करने की सोच रहे हैं। वे अपनी पसंद के आप सृजन कार्य-कलापों के लिए नाबार्ड (बैंकिंग संस्था) के साथ बातचीत करने में सफल रहे हैं। सभी राज्यों में बचत कार्य-कलापों के चलते लेखा और रिकॉर्ड रखरखाव में प्रशिक्षण आरंभ किया गया है तथा सबसे महत्त्वपूर्ण बात यह है कि इससे साक्षरता कार्य-कलापों

में तेजी आ गई है। सभी राज्यों में अब मजबूत संघ द्वारा (डी.डब्ल्यू.सी.आर.ए.— गाँवों में महिलाओं तथा बच्चों के विकास की योजना) जैसी योजनाओं तक सजगता से पहुँच रहे हैं।

उत्तर प्रदेश में बाँदा में संघ-महिलाओं तथा सहयोगिनियों ने एक महिला सहकारी समिति 'बनांगना' गठित की है, जो स्क्रीन प्रिंटिंग, हैंडपंप अनुरक्षण तथा चिनाई के लिए ठेका आदि का काम लेती है; क्योंकि इन कार्यों को निष्पादित करने के लिए सहकारी समिति की महिलाएँ अच्छी तरह से प्रशिक्षित हैं।

महिला समाख्या के इर्द-गिर्द महिलाओं ने हिंसा, बाल-विवाह तथा देवदासी प्रथा जैसे मुद्दों को विश्वास के साथ हल किया है। कर्नाटक और आंध्र प्रदेश में युवा लड़कियों की देवदासियों के रूप में दीक्षा को रोकने में संघ कारगर साबित हुए हैं। सभी राज्यों में कानूनी जागरूकता और शिक्षा प्रदान की जा रही है। उत्तर प्रदेश में सहारनपुर यूनिट हिंसा के मामलों को दर्ज कराने के लिए कानूनी सहायता प्रदान कर रही है तथा नियमित अनुवर्ती कार्रवाई में मदद करती है।

जटिल कानूनी मुद्दों से निपटने के लिए विकसित किए गए वैकल्पिक ढाँचों में से एक सबसे अधिक रुचिकर ढाँचा है—बड़ौदा जिले के वघोदिया ब्लॉक में नारी अदालत की स्थापना। महिलाओं ने अर्ध कानूनी प्रशिक्षण प्राप्त किया है तथा वे स्त्री धन, गुजारा भत्ता, बाल अभिरक्षा तथा समुदायों में संपत्ति विवाद से जुड़े मामलों को निपटा रही हैं।

सजग निर्णय तथा सुविज्ञ चयन ने सभी राज्यों में महिलाओं की भागीदारी को रेखांकित किया है। इसने खासतौर पर स्थानीय स्तरों पर राजनीतिक प्रक्रियाओं के क्षेत्र में महिलाओं को तार्किक रूप से लाया है। पंचायती राज अधिनियम के प्रावधानों पर सूचना के वृहद् प्रसार से अनेक संघों ने महिला उम्मीदवारों को खड़ा किया है तथा चुनाव संबंधी कार्यनीतियों पर निर्णय किया है। गुजरात में महिला समाख्या कार्यक्रम से 231 महिलाएँ, कर्नाटक में 135, उत्तर प्रदेश में 120 तथा आंध्र प्रदेश में 51 महिलाएँ विभिन्न पंचायत संस्थाओं के लिए चुनी गई हैं। खासकर कर्नाटक से प्राप्त रिपोर्टों में संकेत मिलता है कि पंचायतों के कार्यकरण में संघ-महिलाओं की भागीदारी से उनका कार्य गुणात्मक दृष्टि से अपेक्षाकृत अच्छा है, क्योंकि उन्होंने अपने आपको लैंगिक जागरूकता कार्यक्रमों के मामले में अपेक्षाकृत अधिक जागरूक, सुविज्ञ तथा मुखर दर्शाया है।

□

प्रौढ़ शिक्षा की वर्तमान स्थिति

स्वतंत्रता आंदोलन के दौरान ही भारत के राजनीतिक तथा सामाजिक नेताओं ने भलीभाँति यह अनुभव किया कि प्रौढ़ साक्षरता की अत्यंत आवश्यकता है। गांधीजी ने इसपर बहुत जोर दिया और 1937 में जब कांग्रेसी मंत्रीमंडल कई राज्यों में बने तो इनमें प्रौढ़ शिक्षा के क्षेत्र में प्रगति हुई; परंतु द्वितीय युद्ध के शुरू होने पर जब विदेशी सरकार ने भारत के लोगों के हितों की परवाह न करके युद्ध में भाग लिया तो राज्यों की स्वदेशी सरकारों ने त्यागपत्र दे दिए। इसके परिणामस्वरूप प्रौढ़ शिक्षा क्षेत्र को धक्का लगा।

स्वतंत्रता के पश्चात् भारत सरकार ने प्रौढ़ शिक्षा तथा साक्षरता को मानव संसाधन विकास का एक महत्त्वपूर्ण घटक माना। यह भी अनुभव किया कि यह किसी भी सामाजिक और आर्थिक प्रगति के कार्यक्रम के लिए नितांत आवश्यक है। अत: इस क्षेत्र में समय-समय पर कई ठोस कदम उठाए गए। 1988 में स्थापित राष्ट्रीय साक्षरता मिशन द्वारा चलाया गया साक्षरता आंदोलन धीरे-धीरे प्रगति के पथ पर अग्रसर है।

इस अध्याय में भारत सरकार द्वारा अपनाई गई नीति तथा मानव संसाधन मंत्रालय, भारत सरकार की वार्षिक रिपोर्ट 1996-97 में दिए गए तथ्यों का विवरण प्रस्तुत किया गया है।

राष्ट्रीय साक्षरता मिशन की स्थापना का उद्देश्य वर्ष 1995 तक 15-35 आयुवर्ग के 8 करोड़ निरक्षरों को कार्यात्मक साक्षरता प्रदान करना था; किंतु अब वर्ष 1999 तक इसका लक्ष्य बढ़ाकर दस करोड़ व्यक्तियों को कार्यात्मक साक्षरता प्रदान करने का कर दिया गया है। जिन क्षेत्रों में अनौपचारिक शिक्षा के केंद्र नहीं है, उन क्षेत्रों में 9-14 आयुवर्ग के बच्चों को भी इसमें शामिल किया गया है। संपूर्ण साक्षरता अभियान देश के 414 जिलों में स्वीकृत किए गए हैं। इनमें से 174

जिले उत्तर साक्षरता के चरण में प्रवेश कर गए हैं। इस कार्यक्रम में 9 करोड़ शिक्षुओं को नामांकित किए जाने का अनुमान है तथा 5.6 करोड़ व्यक्तियों को साक्षर बनाए जाने की सूचना प्राप्त हुई है।

निरक्षरता उन्मूलन के लिए विशेष परियोजनाएँ—संपूर्ण साक्षरता अभियान/उत्तर साक्षरता अभियान

राष्ट्रीय साक्षरता मिशन प्राधिकरण का लक्ष्य आठवीं योजना के अंत तक 9-35 आयुवर्ग की लक्षित आयु में 100 मिलियन (10 करोड़) व्यक्तियों को कार्यात्मक रूप से साक्षर बनाना है।

संपूर्ण साक्षरता अभियान देश में निरक्षरता उन्मूलन के लिए राष्ट्रीय साक्षरता मिशन की प्रमुख कार्यनीति है। इस योजना के अंतर्गत साक्षरता अभियान क्षेत्र विशिष्ट, समयबद्ध हैं, जिनको स्वेच्छा से लागू किया जाता है तथा जो लागत-प्रभावी एवं निष्कर्षोन्मुख हैं और जिनको सामान्यतया जिला कलेक्टरों की अध्यक्षता में गठित जिला साक्षरता समितियों द्वारा कार्यान्वित किया जाता है।

उपयुक्त वातावरण निर्माण गतिविधि अभियान शुरू किए गए हैं, जिनमें घर-घर जाकर साक्षरता सर्वेक्षण किया जाता है, जिसके दौरान संभावित सीखनेवाले और इच्छुक की पहचान की जाती है। उपयुक्त प्राइमरों का विकास किया जाता है और अपेक्षित कर्मचारियों को प्राइमर विनिर्दिष्ट प्रशिक्षण प्रदान किया जाता है। वातावरण निर्माण गतिविधि के साथ मॉनीटरिंग और आंतरिक मूल्यांकन छह महीने की अवधि में कुल 200 घंटों की शिक्षा/सीखने की गतिविधि के माध्यम से किया जा रहा है। शिक्षण की समाप्ति पर एक बाह्य मूल्यांकन किया जाता है।

टी.एल.सी. के पूरा होने के बाद टी.एल.सी. के दौरान प्राप्त साक्षरता को समेकित करने और छूटे हुए निरक्षरों को इसमें शामिल करने के लिए और नवसाक्षरों को स्वयं सीखने के स्तर तक विकसित करने और उनके अधिक सुधार के लिए दक्षता उन्नयन के लिए उत्तर साक्षरता अभियान शुरू किया गया है।

साक्षरता अभियानों का कार्यान्वयन केंद्रीय सरकार और राज्य सरकारों द्वारा जिला साक्षरता समितियों को 2:1 के अनुपात में सीधे वित्त-पोषण द्वारा किया जाता है। तथापि (जनजातीय उप-योजना के अधीन जिलों) के लिए यह अनुपात 4:1 है।

देश के विभिन्न भागों में टी.एल.सी. में कार्यान्वयन में समाज के कमजोर वर्गों, विशेषकर अनुसूचित जातियों और अनुसूचित जनजातियों, की ओर से एक

बेहतर प्रत्युत्तर मिला है। अनुभव यह दर्शाता है कि सीखनेवालों की कक्षा में उपस्थित रहनेवालों में 60 प्रतिशत से अधिक महिलाएँ हैं। संपूर्ण साक्षरता अभियान/ उत्तर साक्षरता अभियान की कई परियोजनाओं में आंध्र प्रदेश, असम, बिहार, दिल्ली, गोवा, गुजरात, हरियाणा, हिमाचल प्रदेश, जम्मू और कश्मीर, कर्नाटक, महाराष्ट्र, मध्य प्रदेश, मणिपुर, मेघालय, उड़ीसा, राजस्थान, तमिलनाडु, त्रिपुरा, उत्तर प्रदेश, पं. बंगाल और चंडीगढ़, दमन और द्वीव, दादर और नगर हवेली तथा पांडिचेरी के 417 जिलों को जिलों को पूर्णरूप से तथा 198 जिलों को आंशिक रूप से शामिल कर लिया है।

अब संपूर्ण साक्षरता अभियानों को हिंदीभाषी क्षेत्रों में स्थानांतरित कर दिया गया है, जहाँ बड़ी संख्या में निरक्षर लोग रहते हैं। अब तक संपूर्ण साक्षरता अभियान के अंतर्गत 164 जिलों और उत्तर साक्षरता अभियान के अंतर्गत 32 जिलों को बिहार, मध्य प्रदेश, राजस्थान तथा उत्तर प्रदेश के चार प्रमुख हिंदीभाषी राज्यों में संस्वीकृति दी गई है। इसके अतिरिक्त, राष्ट्रीय साक्षरता मिशन के अंतर्गत बिहार, मध्य प्रदेश, राज्यस्थान तथा उत्तर प्रदेश चारों हिंदीभाषी राज्यों के लिए जो विशेष उपाय किए गए हैं, वे निम्नलिखित हैं—

(i) साक्षरता अभियानों से संबद्ध कलेक्टरों तथा अन्य अधिकारियों और गैर अधिकारियों के लिए नियमित रूप से संवेदनशील कार्यशालाएँ आयोजित की जाती हैं। इसी प्रकार साक्षरता मामलों से संबंधित संवेदनशीलता के लिए लेखकों तथा प्रचार कार्मिकों के वास्ते भी कार्यशालाएँ आयोजित की जाती हैं।

(ii) परियोजनाओं के कार्यान्वयन में सुधार लाने के उद्देश्य से राज्य सरकारें साक्षरता अभियानों की प्रगति की समीक्षा करती रही हैं।

(iii) इन सभी चारों राज्यों के राज्य संसाधन केंद्रों को सुदृढ़ बनाया गया है और उन्हें वित्तीय सहायता राशि बढ़ाई गई है।

ग्रामीण कार्यात्मक साक्षरता परियोजना

राष्ट्रीय साक्षरता मिशन की कार्यकारिणी समिति के लिए गए निर्णय के अनुसार केंद्र आधारित ग्रामीण कार्यात्मक साक्षरता कार्यक्रम को अप्रैल, 1991 से बंद कर दिया गया है। तथापि यह विचार किया गया है कि जम्मू-कश्मीर, पूर्वोत्तर राज्यों, सिक्किम, परियोजना के सीमावर्ती क्षेत्रों के अंतर्गत राजस्थान के सीमावर्ती जिलों और दादर तथा नगर हवेली राज्यों/संघ राज्य क्षेत्रों में ग्रामीणं कार्यात्मक

साक्षरता परियोजना की स्कीम को जारी रखने की जरूरत होगी। इन क्षेत्रों में वास्तविक स्थिति यह है कि इन क्षेत्रों में साक्षरता दर बहुत ही कम है और ये स्थान दूर-दराज के क्षेत्रों में स्थित हैं। ये क्षेत्र जन-संचार तथा आवागमन की सुविधा से कटे हुए हैं।

श्रमिक विद्यापीठें

श्रमिक विद्यापीठें औद्योगिक कामगारों को अनौपचारिक, प्रौढ़ तथा सतत शिक्षा और बहुआयामी प्रशिक्षण कार्यक्रमों को प्रदान करने के लिए एक संस्थागत ढाँचा प्रदान करती हैं। श्रमिक विद्यापीठें राज्य सरकारों/विश्वविद्यालय/स्वैच्छिक एजेंसियों के तत्त्वावधान में कार्य कर रही हैं। वर्ष 1996-97 के दौरान तिरपन श्रमिक विद्यापीठे चल रहीं थीं। उनमें चौवालीस श्रमिक विद्यापीठें स्वैच्छिक क्षेत्र में तथा शेष नौ विद्यापीठें राज्य सरकार/केंद्रीय सरकार के क्षेत्र में चल रही थीं।

नवसाक्षरों के लिए सतत शिक्षा योजना

राष्ट्रीय साक्षरता मिशन नवसाक्षरों की सतत शिक्षा पर विशेष बल देता है। उत्तर साक्षरता तथा सतत शिक्षा योजना का संशोधित रूप मार्च, 1988 में शुरू किया गया है। सतत शिक्षा योजना के मूलभूत लक्ष्य निम्नलिखित हैं—

(i) साक्षरता कौशल को बनाए रखने तथा शिक्षा को जारी रखने के लिए सुविधाओं की व्यवस्था करना, ताकि शिक्षु साक्षरता स्तर के बाद अपनी पढ़ाई जारी रख सके।

(ii) जीवन दशाओं तथा जीवन स्तर में सुधार लाने के लिए कार्यात्मक साक्षरता के प्रयोग करके भविष्य का सँवारा जाना।

(iii) विकास कार्यक्रमों की सूचना का प्रसार और परंपरागत रूप से समाज के सुविधाहीन वर्गों की सहभागिता को बढ़ावा तथा उसमें सुधार करना।

(iv) राष्ट्रीय एकता, पर्यावरण का संरक्षण तथा सुधार, महिला समानता, छोटा परिवार पद्धति का अनुपालन तथा समुदाय की आम समस्याओं को आपस में बाँटने जैसे राष्ट्रीय विषयों के बारे में जागरूकता पैदा करना।

(v) अल्पावधिक प्रशिक्षण कार्यक्रमों, व्यावसायिक दक्षता प्रदान करने के लिए प्रशिक्षण पाठ्यक्रमों के आयोजन तथा सतत शिक्षा एवं विकासात्मक गतिविधियों के बीच सीधा संपर्क स्थापित करने के लिए संपर्क गतिविधियाँ

आरंभ करके आर्थिक स्थिति तथा जनकल्याण में सुधार करना।

(vi) साक्षरता के प्रयास हेतु अनुकूल वातावरण तैयार करने के लिए पुस्तकालय तथा अध्ययन कक्षों की सुविधा उपलब्ध कराना।

स्वैच्छिक एजेंसियों की सहायता की योजना

प्रौढ़ शिक्षा के क्षेत्र में कार्य कर रही स्वैच्छिक एजेंसियों को वित्तीय सहायता की योजना गैर सरकारी संगठनों को निरंतर प्रोत्साहित और वित्तीय सहायता प्रदान करती है, जो कि राष्ट्रीय साक्षरता मिशन के लक्ष्यों को प्राप्त करने के लिए भागीदार समझी जाती है।

इस योजना के मुख्य लक्ष्य निम्नलिखित कार्य-कलापों में शामिल होने के लिए स्वैच्छिक एजेंसियों को वित्तीय सहायता प्रदान करना है—

- समयबद्ध, क्षेत्र विशिष्ट, परिणामोन्मुख और स्वैच्छिक साक्षरता परियोजनाओं को कार्यान्वित करना।
- निरक्षरता उन्मूलन और उत्तर साक्षरता और सतत शिक्षा कार्यक्रमों को चलाने के लिए विशिष्ट गैर ज़िला साक्षरता समिति क्षेत्रों की जिम्मेदारी लेना।
- साक्षरता कार्यक्रम, वातावरण सृजन कार्य-कलाप के कार्यात्मक घटक और सेमिनारों और सम्मेलनों इत्यादि के गठन के लिए प्रेरक और प्रायोगिक परियोजनाओं को शुरू करना।

यह योजना प्रौढ़ शिक्षा कार्यक्रमों में स्वैच्छिक एजेंसियों को अधिक सहभागिता को प्रोत्साहित करने के लिए निरंतर प्रयत्नशील है।

प्रौढ़ शिक्षा निदेशालय

प्रौढ़ शिक्षा निदेशालय शिक्षा विभाग का अधीनस्थ कार्यालय है, जो प्रौढ़ शिक्षा तथा संपूर्ण साक्षरता अभियान के क्षेत्र में राष्ट्रीय संसाधन केंद्र के रूप में कार्य करता है। इस निदेशालय में व्यावसायिक तथा प्रशासनिक कार्यों के लिए विभिन्न एकक कार्य कर रहे हैं। निदेशालय की कार्ययोजना में शामिल किए गए मुख्य कार्य-कलाप निम्नलिखित हैं—

सामग्री निर्माण तथा निगरानी

1. निदेशालय राज्य संसाधन केंद्रों/क्षेत्रीय संसाधन केंद्रों, संपूर्ण साक्षरता अभियान जिलों और अन्य संबंधित एजेंसियों द्वारा तैयार की गई पठन-

पाठन सामग्री की समीक्षा करने के लिए शिक्षण के परिष्कृत गति एवं विषय-वस्तु सलाहकार समिति की प्रतिमाह कई बैठकें आयोजित करता है। बुनियादी साक्षरता, उत्तर साक्षरता और सतत शिक्षा कार्यक्रमों के लिए सामग्रियों को तैयार करने के लिए दिशानिर्देश तैयार किए गए हैं।

2. आई.पी.सी.एल. (Improved pace and content of learning) की तकनीकों में लेखकों के प्रशिक्षण के लिए और असमी, अंग्रेजी, डोगरी, उर्दू, कश्मीरी, बोधी और अन्य जनजातीय भाषाओं में नमूना सामग्री तैयार करने के लिए भुवनेश्वर, ईटानगर, दीमापुर, लेह और इंफाल में लेखकों और कलाकारों के लिए प्रशिक्षण और विषयोन्मुख कार्यशालाएँ आयोजित की गई हैं।
3. बुनियादी साक्षरता, उत्तर साक्षरता और सतत शिक्षा में समेकित जनसंख्या शिक्षा घटकों के मूल्यांकन के लिए एवं अभी तक इन सामग्रियों में उपयुक्त रूप से सम्मिलित नहीं किए गए संदेशों की पूरक सामग्रियों को तैयार करने के लिए मैसूर, गंगटोक और अहमदाबाद में तीन क्षेत्रीय कार्यशालाएँ आयोजित की गई हैं।
4. एशिया और पेसिफिक में महिलाओं और लड़कियों के लिए बुनियादी साक्षरता सामग्रियों को विकसित करने के लिए यूनेस्को की नेपाल एशियन सांस्कृतिक केंद्र कार्यशाला, जापान के अनुवर्ती कार्यक्रम के रूप में राज्य संसाधन केंद्र, जयपुर के सहयोग से उदयपुर में एक राष्ट्रीय कार्यशाला आयोजित की गई है।

राष्ट्रीय साक्षरता संसाधन केंद्र, मसूरी

जिला स्तर के कार्यकर्ताओं के प्रशिक्षण को सुदृढ़ करने की दृष्टि से, लालबहादुर शास्त्री प्रशासन अकादमी, मसूरी के तत्त्वावधान में एक राष्ट्रीय साक्षरता संसाधन केंद्र स्थापित किया गया है। इस संसाधन केंद्र ने कार्य करना शुरू कर दिया है और जिला प्रशासकों, समितियों के कार्यकर्ताओं और पंचायती राज संस्थाओं के लिए प्रशिक्षण और विषयोन्मुख कार्यक्रम आयोजित करना शुरू कर दिया है। निदेशालय प्रशिक्षण और विषयोन्मुख कार्यक्रमों को आयोजित करने में संसाधन सहयोग प्रदान करके केंद्र के साथ सहयोग कर रहा है।

प्रशिक्षण

राज्य संसाधन केंद्रों, राज्य प्रौढ़/जनशिक्षा निदेशालयों, स्वैच्छिक एजेंसियों,

शिक्षा और प्रशिक्षण के चुने हुए जिला संस्थानों, जिला साक्षरता समितियों जैसी संबंधित एजेंसियों को राष्ट्रीय स्तर पर साक्षरता अभियान कार्यान्वित करने और देश में साक्षरता अभियानों को बढ़ावा देने से संबंधित अन्य ऐसे संगठनों को उनकी आवश्यकता के अनुसार प्रशिक्षण सहायता प्रदान की जाती है। प्रशिक्षण को अधिक सारगर्भित बनाने और क्षेत्र विशिष्ट बनाने के लिए सभी स्तरों पर प्रशिक्षण प्रयासों को योजनावार और विकेंद्रित बनाने के लिए अधिक बल दिया जाता है। गुजरात विद्यापीठ, अहमदाबाद में 1996 में जिला संसाधन यूनिटों के सैंतीस प्रशिक्षकों के लिए एक नवीन विषयोन्मुख कार्यक्रम आयोजित किया गया।

चूँकि 37 प्रतिशत नवसाक्षरों ने राष्ट्रीय साक्षरता मिशन मानकों को प्राप्त कर लिया है, उत्तर साक्षरता उपायों को सुदृढ़ करने के लिए प्रयास किए जा रहे हैं, जिनमें सतत शिक्षा कार्यक्रम सम्मिलित हैं। राज्य और जिला स्तरों पर मुख्य संसाधन व्यक्तियों और संबद्ध व्यावसायिकों को सम्मिलित करने के लिए विशेष प्रशिक्षण कार्यक्रम/कार्यशालाएँ शुरू करने के लिए ऑपरेशन कार्यों के अंतर्गत नए दृष्टिकोण और नई प्रणालियाँ विकसित की जा रही हैं।

मॉनीटरिंग

साक्षरता अभियानों की मॉनीटरिंग करना निदेशालय के मुख्य कार्य-कलापों में से एक है। वर्ष 1991-92 में कुछ जिलों में ही शुरू किया गया साक्षरता अभियान अब देश के चार सौ जिलों से भी अधिक जिलों में फैल चुका है।

साक्षरता अभियानों की विश्वसनीय एवं तीव्र गति से सूचना को सुनिश्चित करने की दृष्टि से, राज्य प्रौढ़ शिक्षा निदेशालयों को साक्षरता अभियानों की मॉनीटरिंग की जिम्मेदारी लेने के लिए कहा गया है। निदेशालय ने प्रत्येक जिले में साक्षरता अभियानों की प्रगति की नियमित मॉनीटरिंग में राज्य निदेशालयों को कार्यरत करके मॉनीटरिंग पद्धति को सुदृढ़ करने के लिए कार्रवाई की है। मॉनीटरिंग पद्धति को सुदृढ़ करने के लिए निदेशालय द्वारा विस्तृत दिशानिर्देश तैयार और जारी किए गए हैं। इन दिशानिर्देशों के अंतर्गत, राज्य प्रौढ़ शिक्षा निदेशालयों को मासिक बैठक आयोजित करना अपेक्षित है। इनमें सचिव, जिला साक्षरता समितियों, निदेशक, राज्य संसाधन केंद्र एवं अन्य संसाधन व्यक्तियों की उपस्थिति अनिवार्य है। राज्य निदेशालयों को अब राज्य स्तर पर जिला रिपोर्टें समेकित करना और इन्हें राज्य की समेकित रिपोर्ट को केंद्रीय प्रौढ़ शिक्षा निदेशालय में भेजना अपेक्षित है। केंद्रीय निदेशालय इन समेकित राज्य रिपोर्टों की सूक्ष्म रूप से जाँच करता है और राज्य

निदेशालय को उसपर की गई टिप्पणियाँ भेजता है।

भारत में साक्षरता और उत्तर साक्षरता अभियानों की स्तर रिपोर्टें प्रत्येक तिमाही के अंत में प्रस्तुत की जाती हैं।

शहरी समुदाय की सहभागिता के लिए नीतियों, जनसंख्या के लिए साक्षरता नीतियाँ, सरकारी और नगर निगमों के विकासशील विभागों के साथ संपर्क करना, प्रशिक्षण नीतियाँ, शहरी समुदाय आधारित पठन-पाठन सामग्रियाँ, जन प्रचार की भूमिका इत्यादि की नीतियों पर चर्चा करने के लिए सम्मेलनों का आयोजन किया जा रहा है।

साक्षरता और सतत शिक्षा के क्षेत्र में कार्य कर रही स्वैच्छिक एजेंसियों का सार्क सम्मेलन 24-16 अक्तूबर, 1996 को नई दिल्ली में आयोजित किया गया। इसमें बँगलादेश, नेपाल और भारत के आठ गैर सरकारी संगठनों के प्रतिनिधि एवं पाकिस्तान, भूटान और श्रीलंका के उच्चायोग के प्रतिनिधियों ने भाग लिया।

मूल्यांकन

साक्षरता अभियानों के प्रभावशाली कार्यान्वयन को सुनिश्चित करने की दृष्टि से राष्ट्रीय साक्षरता मिशन ने अब अधिक सार्थक और यथार्थ मूल्यांकन पद्धति शुरू की है।

राज्य प्रौढ़ शिक्षा निदेशालयों द्वारा नामित बाह्य एजेंसियों के माध्यम से चल रहे कार्यक्रमों का समवर्ती मूल्यांकन करना अब प्रत्येक साक्षरता अभियान के लिए अपेक्षित है। राज्य निदेशालयों को समवर्ती मूल्यांकन करने के लिए एजेंसियों को पैनल में रखने के लिए कहा गया है। समवर्ती मूल्यांकन का उद्देश्य चल रहे कार्यक्रमों को सुदृढ़ करने, कमियों को दूर करने और कार्यक्रम के सुधार के लिए उपचारात्मक उपायों का पता लगाने के लिए परियोजना का शीघ्र मध्यावधि मूल्यांकन करना है।

समवर्ती मूल्यांकन के दिशा-निर्देश तैयार किए गए हैं और सभी साक्षरता अभियान जिलों और राज्य निदेशालयों को भेज दिए गए हैं।

समवर्ती मूल्यांकन के अतिरिक्त, प्रत्येक साक्षरता अभियान जिले के लिए राष्ट्रीय साक्षरता मिशन द्वारा नामित स्वतंत्र बाह्य मूल्यांकन एजेंसी के माध्यम से परियोजना के अंत में अंतिम मूल्यांकन आवश्यक है। बाह्य मूल्यांकन करने में सक्षम एजेंसियों का पता लगाने के लिए राष्ट्रीय साक्षरता मिशन द्वारा एक कोर दल स्थापित किया गया। कोर दल ने बाह्य मूल्यांकन करने के लिए छप्पन एजेंसियों का

पता लगाया है।

मीडिया एकक

जहाँ तक साक्षरता कार्यक्रमों तथा अन्य प्रौढ़ शिक्षा काय्रक्रमों को मीडिया सहायता प्रदान करने का संबंध है, विशेष रूप से अभिप्रेरणा/गतिशीलता, प्रशिक्षण, वातावरण निर्माण तथा साक्षरता निर्देश, सॉफ्टवेयर तथा प्रचार क्षेत्रों पर विशेष ध्यान दिया गया है। इस संदर्भ में आरंभ की गई विशेष गतिविधियाँ निम्नलिखित हैं—

1. हिंदी, उड़िया, बंगाली, मराठी, गुजराती, तेलुगु तथा तमिल भाषाओं में 14 वीडियो फिल्में तैयार की गई हैं।
2. 30 सेकेंड से 70 सेकेंड की अवधिवाले हिंदी में दस वीडियो स्पॉट तैयार किए गए हैं।
3. 'शिक्षित समाज की ओर' नामक शीर्षक से हिंदी में (21 मीटर) तथा अंग्रेजी में (18 मीटर) की छह प्रोजेक्ट सिंगल स्क्रीन श्रव्य-दृश्य प्रस्तुति तैयार की गई है।
4. दूरदर्शन पर प्रसारित करने के लिए दस फिल्में तैयार की गई हैं।
5. तैयार किए गए कार्यक्रम को वीडियो फिल्मों की प्रतियाँ, साक्षरता अभियान जिलों के 35 जिला कलेक्टरों, 15 राज्य संसाधन केंद्रों, 9 श्रमिक विद्यापीठों, 4 राज्य प्रौढ़ शिक्षा निदेशालयों तथा 21 स्वैच्छिक एजेंसियों को भेजी गईं।
6. साक्षरता विषय पर एक घंटे की अवधिवाला 'आओ दीप जलाएँ' नामक एक रेडियो कार्यक्रम हर बृहस्पतिवार को सायं 2 बजे से 3 बजे तक 20 जून, 1996 से प्रसारित किया जा रहा है। इन कार्यक्रमों को चुनिंदा सिनेमा गीतों से आकर्षक रूप में तैयार किया गया है तथा इनमें साक्षरता संदेशों तथा प्रश्नोत्तरी को भी शामिल किया गया है। श्रोताओं को इन कार्यक्रमों में अधिकाधिक प्रोत्साहित करने के लिए प्रायोजकों के माध्यम से आकर्षक पुरस्कार भी प्रदान किए जाते हैं।
7. दूरदर्शन ने डी.डी.-1 पर दोपहर 12.30 से 1.00 बजे प्रत्येक शुक्रवार को साक्षरता विषय पर आधा घंटे का समय दिया है। 'एक दूनी दो' नामक साक्षरता कार्यक्रम 20 सितंबर, 1996 से प्रसारित करना शुरू किया गया।
8. शिक्षित समाज पर आकर्षक कार्यक्रम तैयार किए गए हैं तथा दूरदर्शन

के राष्ट्रीय तथा मेट्रो दोनों चैनलों के माध्यम से उनका व्यापक स्तर पर प्रसारण किया जा रहा है।

9. अंतरराष्ट्रीय साक्षरता दिवस के संबंध में विभिन्न भाषाओं के दैनिक राष्ट्रीय समाचार पत्रों में विज्ञापन और दृश्य प्रचार निदेशालय (डी.ए.वी.पी.) के माध्यम से विशेष विज्ञापन दिए जाते हैं तथा प्रस्तुत किए जाते हैं।
10. डाक सामग्री पर साक्षरता संदेश मुद्रित किए जाते हैं।
11. उत्तर रेलवे के कंप्यूटरीकृत रेलवे टिकटों पर साक्षरता संदेश मुद्रित किए जाते रहे हैं।
12. चुनिंदा रेलवे स्टेशन/हवाई अड्डों पर क्लोज्ड सर्किट टी.वी. (सी.सी. टी.वी.) पर स्पॉट प्रसारित किए जाते हैं।
13. तमिलनाडु में उत्तर साक्षरता तथा सतत शिक्षा विषय पर न्यूज कैपसूल तैयार किए गए हैं तथा उन्हें चेन्नई दूरदर्शन से प्रसारित किया जाता है।
14. अंतरराष्ट्रीय साक्षरता दिवस तथा साक्षरता उत्सव के मुख्य समारोह में दृश्य प्रस्तुति तैयार की जाती है तथा उन्हें व्यापक स्तर पर क्षेत्र में भी वितरित किया जाता है।
15. अंतरराष्ट्रीय साक्षरता दिवस तथा साक्षरता उत्सव पर पूर्वावलोकन (करटेन रेजर्स) तैयार किए जाते हैं तथा उन्हें डी.डी.-1 पर प्रसारित किया जाता है।
16. माध्यम से मीडिया के प्रयोग पर एक शोध कार्य किया गया हैं, ताकि मीडिया सॉफ्टवेयर के उत्पादन में सुधार लाया जा सके तथा उसका क्षेत्र विशेष में प्रयोग हो सके।

राष्ट्रीय स्तर की प्रतियोगिताएँ

साक्षरता अभियानों में कलाकारों, लेखकों, छात्रों, शिक्षकों, फोटोग्राफर्स आदि के सहयोग से साक्षरता के क्षेत्र में एक अनुकूल वातावरण तैयार करने हेतु अभिप्रेरणात्मक तथा गतिशील प्रयास शुरू किए गए हैं। इस उद्देश्य के लिए पोस्टर डिजाइन, निबंध लेखन तथा फोटोग्राफी विषयों पर राष्ट्रीय स्तर की प्रतियोगिताएँ आयोजित की जा रही हैं।

वर्ष 1996-97 में तेरहवीं राष्ट्रीय पोस्टर प्रतियोगिता ने क्रमशः महिलाओं को अधिकारसंपन्न बनाने के लिए साक्षरता तथा बेहतर एवं खुशहाल जीवन के लिए साक्षरता नामक प्रतियोगिता में भाग लेने के लिए 2028 प्रतियोगियों (कलाकारों

तथा छात्रों को) आकर्षित किया। 'साक्षरता अधिकार', 'लोककलाओं के माध्यम से साक्षरता संदेश' एवं 'सभी के लिए शिक्षा तथा शिक्षा के लिए सब' विषयों पर राष्ट्रीय फोटो प्रतियोगिता आयोजित की जाती है।

सीनियर सेकेंडरी स्तर के छात्रों, कॉलेज छात्रों, प्राथमिक/माध्यमिक शिक्षकों तथा सामान्य वर्ग के लोगों के लिए राष्ट्रीय निबंध प्रतियोगिताएँ आयोजित की जाती हैं। 1996-97 में शामिल किए गए विषय थे—'साक्षरता से कौन लाभान्वित होता है और कैसे', 'महिला समानता तथा अधिकार के लिए शिक्षा', 'संपूर्ण साक्षरता के राष्ट्रीय मिशन में पंचायती राज संस्थाओं की भूमिका' तथा 'साक्षरता विकास की गति को तेज करती है'।

जनसंख्या शिक्षा एकक

यह निदेशालय 'प्रौढ़ शिक्षा' कार्यक्रम में जनसंख्या शिक्षा का एकीकरण विषय पर एक परियोजना कार्यान्वित कर रहा है। यह परियोजना वर्ष 1986 से यू.एन.एफ.पी.ए. द्वारा पूर्णतया वित्तपोषित है। इस समय यह परियोजना देश भर में आंध्र प्रदेश, बिहार, दिल्ली, गुजरात, हरियाणा, कर्नाटक, केरल, मध्य प्रदेश, महाराष्ट्र (पुणे तथा औरंगाबाद), उड़ीसा, पंजाब, राजस्थान, तमिलनाडु, उत्तर प्रदेश तथा पश्चिम बंगाल आदि 16 राज्य संसाधन केंद्रों/क्षेत्रीय संसाधन केंद्रों की तकनीकी सहायता के माध्यम से कार्यान्वित की जा रही है। इस परियोजना का मुख्य उद्देश्य जनसंख्या शिक्षा घटक को साक्षरता तथा उत्तर साक्षरता अभियानों को संस्थागत रूप देने में योगदान करना है।

इन कार्य-कलापों में मुख्य ध्यान पठन-पाठन सामग्री, प्रशिक्षण पाठ्यक्रम, मीडिया सॉफ्टवेयर आदि में जनसंख्या शिक्षा संदेशों को समाहित करने पर दिया गया है।

इन संदेशों के आधार पर अभिप्रेरक, शैक्षिक तथा अनुवर्ती सामग्री प्रकाशित की जा रही है।

इस परियोजना में 15 से 35 आयुवर्ग की जनसंख्या के लिए 26 राज्यों/संघ राज्य क्षेत्रों के लगभग चार सौ पूर्ण साक्षरता अभियान/उत्तर साक्षरता अभियान जिलों को शामिल किया गया है।

1996-97 के दौरान निम्नलिखित कार्य-कलाप आरंभ किए गए—

1. मई, 1996 में कोडईकनाल में परियोजना प्रगति समीक्षा बैठकें तथा राष्ट्रीय परियोजना मूल्यांकन कार्यशाला आयोजित की गई, ताकि परियोजना

की प्रगति की समीक्षा की जा सके तथा मुख्य ध्यान दिए जानेवाले क्षेत्रों का पता लगाया जा सके और तीसरे चरण में परियोजना के कार्यान्वयन के दृष्टिकोण विकसित किए जा सकें।

2. बिहार, उत्तर प्रदेश, राजस्थान, मध्य प्रदेश, महाराष्ट्र, आंध्र प्रदेश, पश्चिम बंगाल तथा कर्नाटक में प्रभावी/मूल्यांकन अध्ययन किए जा रहे हैं।
3. गुजरात तथा उड़ीसा राज्यों में अंतरराज्यीय अध्ययन करने की योजना बनाई गई है।
4. पूर्वोत्तर पर्वतीय विश्वविद्यालय, हिमाचल प्रदेश, असम, बिहार के राज्य संसाधन केंद्रों के जनसंख्या शिक्षा परियोजना के परियाजना कार्य-कलापों के विस्तार की संभावना है।

नवसाक्षरों के लिए सतत शिक्षा

कार्यक्रम के अन्य पहलुओं पर महत्त्व देने के साथ-साथ राष्ट्रीय साक्षरता मिशन में प्रौढ़ शिक्षा कार्यक्रम के नवसाक्षरों के लिए उत्तर साक्षरता एवं सतत शिक्षा के प्रबंध पर विशेष ध्यान दिया गया है ताकि नवसाक्षरों को पुनः निरक्षरता के गर्त में जाने से रोका जा सके। इस तथ्य को ध्यान में रखते हुए देश भर में चरणबद्ध रूप में जन-शिक्षण नियमों की स्थापना के माध्यम से उत्तर साक्षरता एवं सतत शिक्षा को संस्थापित करने के लिए मार्च, 1988 में उत्तर साक्षरता एवं सतत शिक्षा योजना को आरंभ किया गया। इस योजना के मुख्य उद्देश्य हैं—नवसाक्षरों की साक्षरता दक्षता में वृद्धि करके उन्हें सतत शिक्षा के अवसर प्रदान करना तथा प्रारंभिक शिक्षा के बाद शिशुओं को अपनी पढ़ाई जारी रखने योग्य बनाना; ताकि शिक्षार्थी अपने जीवन स्तर में सुधार करने की दिशा में हासिल की गई अध्ययन संबंधी दक्षता का प्रयोग करके अपने भविष्य को सँवार सकें।

इस योजना में सतत शिक्षा कार्यक्रमों को मुख्य रूप से चार वर्गों में वर्गीकृत किया गया है—

1. **समकक्ष कार्यक्रम**—इन कार्यक्रमों को मौजूदा औपचारिक, सामान्य अथवा व्यावसायिक शिक्षा के समकक्ष वैकल्पिक शैक्षिक कार्यक्रमों के रूप में तैयार किया गया है।
2. **आय जनित कार्यक्रम**—ये कार्यक्रम, शैक्षिक कार्यक्रमों में भाग लेनेवाले छात्रों को भी व्यावसायिक दक्षता अर्जित करने अथवा बढ़ाने में मदद करते हैं, ताकि वे आय अर्जित करनेवाले कार्य शुरू कर सकें।

3. **जीवन स्तर सुधार कार्यक्रम**—इन कार्यक्रमों का मुख्य उद्देश्य शिक्षुओं तथा समुदाय को वैयक्तिक तथा सामुदायिक तौर पर अपेक्षित ज्ञान, दृष्टिकोण, मूल्य तथा दक्षता से सुसज्जित करना है।
4. **वैयक्तिक रुचि संवर्धन कार्यक्रम (आई.आई.पी.पी.)**—ये कार्यक्रम, व्यक्तियों को उनके द्वारा चुनी गई सामाजिक, सांस्कृतिक, आध्यात्मिक, स्वास्थ्य, शारीरिक तथा कला संबंधी रुचियों में भाग लेने और उनके बारे में जानने का अवसर प्रदान करते हैं।

इस समय देश में 166 उत्तर साक्षरता कार्यक्रम चल रहे हैं।

उपर्युक्त तथ्यों को ध्यान में रखते हुए राष्ट्रीय साक्षरता मिशन का प्रस्ताव है कि सरकारी तथा राज्य संसाधन केंद्रों के सीनियर स्तर के कार्यकर्ताओं के लाभ के लिए सतत शिक्षा विषय पर क्षेत्रीय प्रशिक्षण कार्यशालाएँ आयोजित की जाएँ। जून 1996 में हैदराबाद तथा दिसंबर 1996 में अहमदाबाद में क्रमशः दो क्षेत्रीय कार्यशालाएँ आयोजित की गईं।

राज्य संसाधन केंद्र

देश में स्थापित 25 राज्य संसाधन केंद्र संपूर्ण देश में साक्षरता अभियानों के लिए शैक्षिक तथा तकनीकी संसाधन सहयोग प्रदान कर रहे हैं। देश भर के 414 जिलों में साक्षरता अभियान आरंभ करने के अतिरिक्त शिक्षण सामग्री के विकास, क्षेत्रीय कार्यकर्ताओं के प्रशिक्षण, अभियानों के अनुवीक्षण तथा मूल्यांकन संबंधी कार्यकलापों की वजह से राज्य संसाधन केंद्रों की जिम्मेदारी और भी कई गुना बढ़ गई है।

राज्य संसाधन केंद्रों ने स्वैच्छिक एजेंसियों और अन्य शैक्षिक संस्थाओं को संसाधन सहायता प्रदान की है। इस संबंध में कई राज्य संसाधन केंद्रों ने जिला साक्षरता समितियों के साथ मिलकर सहयोगी कार्ययोजना को तेज किया है।

राष्ट्रीय साक्षरता मिशन ने राज्य संसाधन केंद्रों को सुदृढ़ करने, उनकी क्षमता को बढ़ाने तथा साक्षरता अभियानों में प्रभावशाली रूप से भाग लेने के लिए उपाय किए हैं। इस तथ्य को ध्यान में रखते हुए राष्ट्रीय साक्षरता मिशन/केंद्रीय प्रौढ़ शिक्षा निदेशालय ने राज्य संसाधन केंद्रों के निदेशकों का एक राष्ट्रीय सम्मेलन 23 सितंबर से 25 सितंबर, 1996 तक आयोजित किया। प्रौढ़ शिक्षा/जन शिक्षा के कुछ अध्यक्षों तथा राज्य निदेशकों ने इस सम्मेलन में भाग लिया।

राज्य केंद्रों के कार्यक्रमों का नियमित रूप से अनुवीक्षण किया जाता है

श्रमिक विद्यापीठें (एस.वी.पी.)

श्रमिक विद्यापीठ कार्यक्रम शहरी समाज के लिए अनौपचारिक शिक्षा, प्रौढ़ शिक्षा तथा सतत शिक्षा कार्यक्रम के विशेष कार्यक्रमों में से एक है। वर्ष 1995-96 तक 53 श्रमिक विद्यापीठें स्थापित की गई हैं तथा नौवीं पंचवर्षीय योजना के दौरान इनकी संख्या में वृद्धि की संभावना है।

श्रमिक विद्यापीठ कार्यक्रम का मुख्य उद्देश्य लक्षित वर्ग के दक्षता विकास/स्तरोन्नयन के लिए व्यावसायिक/तकनीकी दक्षतावाले भिन्न-भिन्न अवधिवाले पाठ्यक्रम आयोजित करना है; ताकि वे आयजनित कार्यक्रमों में भाग ले सकें। इस कार्यक्रम का उद्देश्य गरीब-से-गरीब लाभग्राही व्यक्तियों की सामाजिक-आर्थिक स्थिति को सुधारना भी है। श्रमिक विद्यापीठ कार्यक्रमों को सतत शिक्षा संवर्धन तथा जीवनपर्यंत शिक्षा के दृष्टिकोण को विकसित करने हेतु संभाव्य साधन के रूप में जाना जाता है। प्रौढ़ शिक्षा निदेशालय देश में श्रमिक विद्यापीठों को सुचारु रूप से संचालित करने के लिए तकनीकी संसाधन सहायता सेवाएँ प्रदान कर रहा है।

वर्ष 1995-96 के दौरान श्रमिक विद्यापीठों ने 1000 से ऊपर कार्यक्रम आयोजित किए और लगभग 37,000 व्यक्तियों को लाभ पहुँचाया। इन कार्यक्रमों में महिलाओं की भागीदारी 63 प्रतिशत से अधिक थी, जबकि पुरुषों के मामले में यह केवल 37 प्रतिशत थी। 88 प्रतिशत व्यक्ति 15 से 35 वर्ष के आयुवर्ग के थे। 83 प्रतिशत व्यक्ति 155 रुपए प्रतिमाह से कम आय वर्ग के थे।

□

भारत में प्रौढ़ साक्षरता तथा साक्षरता का प्रसार : कुछ सुझाव

विशेष तथ्य

1. निस्संदेह प्रारंभिक शिक्षा के सार्वजनीकरण की दिशा में पर्याप्त सफलता न होने के कारण देश में अनपढ़ों की संख्या में वृद्धि हो गई है। स्वतंत्रता के समय अनपढ़ों की संख्या लगभग 30 करोड़ थी, जो 1991 में 32 करोड़ से ऊपर हो गई। वैसे भारत में साक्षरता दरों में काफी वृद्धि हुई है। 1950-51 में साक्षरता दर 16.7 प्रतिशत थी, जो 1991 में बढ़कर 52.1 प्रतिशत हो गई। परंतु जनसंख्या में वृद्धि के कारण निरक्षर व्यक्तियों की संख्या में बहुत वृद्धि हो गई।
2. 1971 में 15-35 वर्ष के बीच लगभग 42 प्रतिशत प्रौढ़ साक्षर थे। 1981 में यह दर बढ़कर 50 प्रतिशत हो गई।
3. यूनिसेफ के अनुसार प्रौढ़ साक्षरता दर (15 वर्ष से ऊपर) वर्ष 1995 में 52 प्रतिशत थी—पुरुष 66 प्रतिशत, महिला 38 प्रतिशत। 1980 में पुरुष साक्षरता दर 55 प्रतिशत तथा महिला 45 प्रतिशत। दूसरे शब्दों में, पुरुषों की साक्षरता दर में 11 प्रतिशत तथा महिलाओं की दर में 13 प्रतिशत वृद्धि इस आयुवर्ग में हुई। 1992 में साक्षरता दर 50 प्रतिशत थी।
4. संसार में लगभग 100 ऐसे देश हैं जिनकी प्रौढ़ साक्षरता दर 90 अथवा इससे ऊपर है।
5. यूनेस्को के अनुसार प्रौढ़ साक्षर व्यक्ति वह है जो पढ़-लिख सकता है।
6. साक्षरता के बारे में 1991 के राष्ट्रीय आँकड़े न केवल पुरुषों और स्त्रियों के बीच ही असमानता की तसवीर पेश करते हैं, अपितु विभिन्न क्षेत्रों के बीच भी असमानता की तसवीर मिलती है। ग्रामीण क्षेत्रों में स्त्रियों की

साक्षरता के प्रतिशत में बहुत अंतर है। केरल में 86.17 प्रतिशत स्त्रियाँ साक्षर हैं, जबकि राजस्थान में 20.44, बिहार, उत्तर प्रदेश और मध्य प्रदेश, जहाँ देश के अधिकतर ग्रामीण परिवार रहते हैं, स्त्रियों की साक्षरता दर क्रमशः केवल 22.89, 25.31 तथा 28.85 प्रतिशत है।

7. अधिक साक्षरतावाले दस राज्य/संघीय क्षेत्र—(i) केरल, (ii) मिजोरम, (iii) लक्षद्वीप, (iv) चंडीगढ़, (v) गोवा, (vi) दिल्ली, (vii) पांडिचेरी, (viii) अंडमान और निकोबार द्वीप समूह, (ix) दमन व दीव, (x) तमिलनाडु।
8. कम साक्षरतावाले राज्य/संघीय क्षेत्र—(i) बिहार, (ii) राजस्थान, (iii) दादर व नगर हवेली, (iv) अरुणाचल प्रदेश, (v) उत्तर प्रदेश, (vi) मध्य प्रदेश, (vii) आंध्र प्रदेश, (viii) मेघालय, (ix) उड़ीसा, (x) असम (साक्षरता प्रतिदर के लिए कृपया अन्य अध्याय देखें।)
9. साक्षरता दर तथा प्रौढ़ साक्षरता दर प्रायः एक जैसी ही हैं। 1991 की जनगणना के अनुसार भारत में 52.11 प्रतिशत साक्षर थे। यूनिसेफ के अनुसार 1992 में 50 प्रतिशत तथा 1995 में 52 प्रतिशत प्रौढ़ साक्षर थे।
10. ऐसा अनुमान लगाया जा रहा है कि लगभग 7 करोड़ निरक्षर इस समय 60 लाख स्वयंसेवकों की सहायता से साक्षरता प्राप्त कर रहे हैं। वे साक्षरता के विभिन्न चरणों पर हैं। इनमें से लगभग 3 करोड़ साधारण पढ़ना-लिखना तथा गणित सीख चुके हैं।
11. स्वतंत्रता-प्राप्ति से लेकर अब तक प्रौढ़ शिक्षा पर 3350 करोड़ रुपए व्यय किए जा चुके हैं।

तालिका-8.1

भारत में प्रौढ़ साक्षरता दर (1970 से 1995)

वर्ष	*कुल प्रौढ़ साक्षरता दर*	*प्रौढ़ पुरुष साक्षरता दर*	*प्रौढ़ महिला साक्षरता दर*
1970	30	47	20
1980	42	55	25
1991	48	62	32
1992	50	64	35
1995	52	66	38

नोट—15 वर्ष से ऊपर व्यक्ति, जो पढ़-लिख सकते हैं।

स्रोत—यूनिसेफ की विभिन्न रिपोर्टों से आँकड़े संकलित।

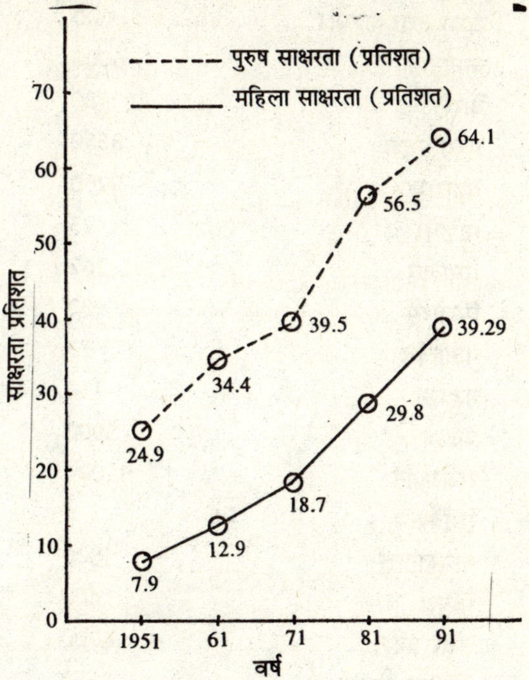

चित्र 8.1 भारत में पुरुष तथा महिला साक्षरता (1951 से 1991)

तालिका-8.2

आठवीं योजना में साक्षरता के राज्यवार लक्ष्य (1992-97)

(आँकड़े 000' में)

क्र.	*राज्य/संघीय क्षेत्र*	*साक्षरता 15 से 35 वर्ष की आयु*
1.	आंध्र प्रदेश	7778
2.	अरुणाचल प्रदेश	175
3.	असम	4500
4.	बिहार	9400
5.	गोवा	100
6.	गुजरात	4300

7.	हरियाणा	5711
8.	हिमाचल प्रदेश	800
9.	जम्मू तथा कश्मीर	600
10.	कर्नाटक	6000
11.	केरल	980
12.	मध्य प्रदेश	5550
13.	महाराष्ट्र	9200
14.	मणिपुर	23
15.	मेघालय	262
16.	मिजोरम	32
17.	नागालैंड	23
18.	उड़ीसा	130
19.	पंजाब	5000
20.	राजस्थान	11000
21.	सिक्किम	4
22.	तमिलनाडु	1800
23.	त्रिपुरा	400
24.	उत्तर प्रदेश	16700
25.	पश्चिम बंगाल	8559
	राज्य का कुल साक्षरता योग	104977
26.	अंडमान और निकोबार द्वीपसमूह	10
27.	चंडीगढ़	26
28.	दादर व नगर हवेली	15
29.	दमन और दीव	20
30.	दिल्ली	750
31.	लक्षद्वीप	12
32.	पांडिचेरी	30
(1)	कुल संघीय क्षेत्र	863
(2)	राज्यों का कुल साक्षरता लक्ष्य	104977
(3)	कुल (राज्य तथा संघीय क्षेत्र)	105840
		(10 करोड़)

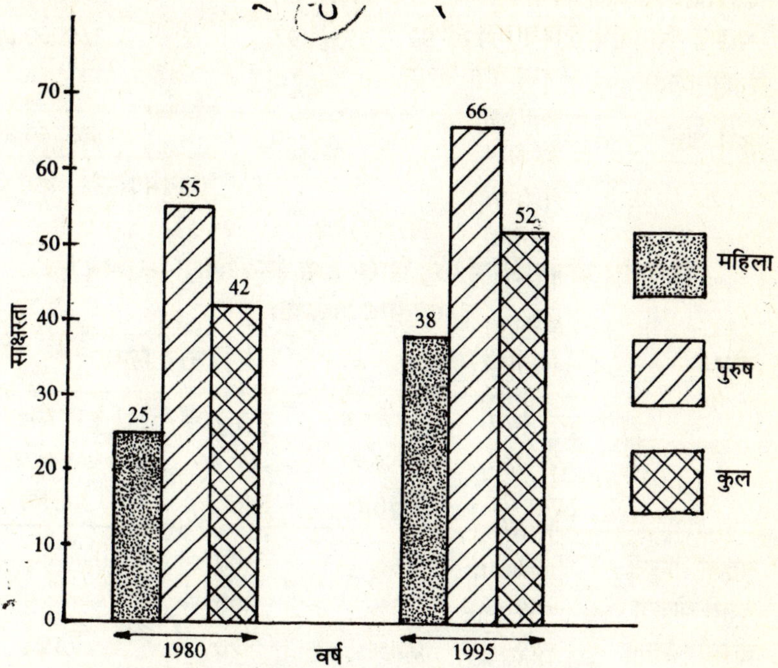

चित्र 8.2 भारत में प्रौढ़ साक्षरता (1980–1995)

तालिका–8.3

प्रौढ़ शिक्षा पर किया गया कुल खर्च : योजना तथा गैर योजना : केंद्र तथा राज्य (1950–51 से 1997–98)

योजना/वर्ष	*खर्च (रु. लाख में)*
पहली योजना (1950–51 से 1955–56)	1787.77
दूसरी योजना (1956–57 से 1960–61)	4113.93
तीसरी योजना (1961–62 से 1965–66)	6794.57
एकवर्षीय तीन योजनाएँ (1966–67, 1967–68 तथा 1968–69)	4711.40
चौथी पंचवर्षीय योजना (1969–70 से 1973–74)	8054.07
पाँचवीं पंचवर्षीय योजना (1974–75 से 1978–79)	6556.62
छठी पंचवर्षीय योजना (1979–80 से 1984–85)	18337.67
सातवीं पंचवर्षीय योजना (1984–85 से 1988–89)	56150.41

एकवर्षीय दो योजनाएँ (1989-90 तथा 1990-91)	48663.45
आठवीं पंचवर्षीय योजना (1991-92 से 1996-97) (अनुमानित)	180000.00
कुल खर्च	335169.89

(लगभग 3351 करोड़)

तालिका-8.4

पंचवर्षीय योजनाओं में प्रौढ़ शिक्षा तथा उच्च शिक्षा पर व्यय का तुलनात्मक अध्ययन

योजना	*प्रौढ़ शिक्षा*		*उच्च शिक्षा*	
	कुल व्यय (रु. 10 लाख में)	*कुल शिक्षा योजना का प्रतिशत*	*कुल खर्च (रु. 10 लाख में)*	*कुल शिक्षा योजना का प्रतिशत*
पहली योजना	50	3%	140	9%
दूसरी योजना	40	1%	480	18%
तीसरी योजना	20	0.4%	870	15%
एकवर्षीय तीन योजनाएँ (1966 से 1969)	21	0.8%	770	24%
चौथी योजना	45	1%	1950	25%
पाँचवीं योजना	350	2%	2050	22%
छठी योजना	2240	9%	5590	22%
सातवीं योजना	4700	6%	12010	16%
दो वार्षिक योजनाएँ (1990-92)	4160	9%	5880	12%
कुल	**11576**		**29740**	
आठवीं योजना	18000	9%	15160	8%
(अनुमानित) कुल	29576		44900	

नोट—पहली पाँच योजनाओं में प्रौढ़ शिक्षा अलग बिंदु व्यय की दृष्टि से नहीं था।

समस्या का विश्लेषण

लगभग तीन दशक पूर्व भारत के प्रसिद्ध शिक्षाशास्त्री प्रो. के.जी. खाजा गुलाम सैयदन (1904-1972), जो कि छह वर्ष तक (1956 से 1961) भारत सरकार के शिक्षा सचिव रहे, उन्होंने बहुत दुःख के साथ कहा था कि 'यदि विश्व की साक्षरता का नक्शा बनाया जाए और उसमें संसार के निरक्षर क्षेत्रों को काला कर दिया जाए तो हमारे लिए शर्म की बात होगी कि भारतवर्ष एक काला द्वीपखंड दिखाई देगा। दुर्भाग्यवश स्थिति में कोई उल्लेखनीय सुधार अन्य देशों की तुलना में भारत में दृष्टिगोचर नहीं होता है।'

कुछ वर्ष पूर्व बहुचर्चित पुस्तक 'एशियन ड्रामा' में इस प्रकार विचार व्यक्त किए गए थे—'भारत में प्रौढ़ शिक्षा के क्षेत्र में कोई महत्त्वपूर्ण प्रगति नहीं हुई है और यदि महत्त्वपूर्ण प्रगति हुई भी हो तो उसका कोई ठोस परिणाम नहीं निकला है।'

प्रौढ़ शिक्षा के दो महत्त्वपूर्ण पक्ष हैं। पहला है प्रौढ़ शिक्षा का राष्ट्रीय विकास में योगदान, दूसरा है साक्षरता। जहाँ तक प्रौढ़ शिक्षा के राष्ट्रीय विकास में योगदान का संबंध है, इसके लिए आँकड़ों का सहारा नहीं लिया जा सकता। अतः इसका वस्तुनिष्ठ मूल्यांकन नहीं हो सकता।

साक्षरता के दूसरे पक्ष का मूल्यांकन करना संभव है, यद्यपि इस मूल्यांकन में भी बहुत कमियाँ हैं। विकास के कुछ क्षेत्र ऐसे हैं जिनके आँकड़े इतने विश्वसनीय नहीं हैं जितने कि होने चाहिए। उदाहरणार्थ, वन-महोत्सव के अवसर पर पेड़-पौधे लगाने की संख्या, बच्चों की नामांकन दर तथा साक्षर प्रौढ़ों की संख्या। प्रायः देखा गया है कि बार-बार उन्हीं प्रौढ़ों को गिन लिया जाता है जो कभी एक बार प्रौढ़ कक्षाओं में आए हों, भले वे एक ही बार आकर कभी नहीं आए।

एक बार विनोद में प्रौढ़ शिक्षा के क्षेत्र में कार्यरत एक वरिष्ठ अधिकारी ने प्रौढ़ शिक्षा को फ्रॉड शिक्षा की संज्ञा दी थी। इस कथन में कुछ सच्चाई अवश्य है।

हाल ही में, भारत के प्रसिद्ध दैनिक 'हिंदुस्तान टाइम्स' दिनांक 27.06.98 में पश्चिम बंगाल के प्रौढ़ शिक्षा विभाग पर भारत सरकार के हिसाब-किताब के महाप्रबंधक की टिप्पणी छपी थी। इस टिप्पणी के अनुसार, एक जिला मजिस्ट्रेट—जो कि प्रौढ़ साक्षरता मिशन के जिला प्रमुख थे—के वाहन के किराए के लिए तथा तेल पर 6.39 लाख रुपए खर्च हुए; इस खर्च में जिला मजिस्ट्रेट की कोठी के लिए जेनरेटर का खर्च भी शामिल था। एक अन्य जिला मजिस्ट्रेट के घर पर बिजली के

उपकरणों पर साक्षरता निधि में से 2.65 लाख रुपए व्यय किए गए। जिला साक्षरता समितियों की निधियों का अत्यंत बेरहमी से दुरुपयोग किया गया। ऐसे मेलों पर लाखों रुपए खर्च किए गए जिनका साक्षरता से कोई संबंध नहीं था। ऐसे अनेक उदाहरण अन्य राज्यों के प्रौढ़ साक्षरता अभियान से भी मिलते हैं।

प्रौढ़ शिक्षा के प्रसार तथा विकास में स्वयंसेवी संगठनों की अहम भूमिका मानी जाती है। 1953-54 से ही प्रौढ़ शिक्षा के क्षेत्र में कार्यरत स्वयंसेवी संगठनों को भरपूर अनुदान दिया जा रहा है। इस संदर्भ में कुछ वर्ष पूर्व इनके कार्य के मूल्यांकन करने पर आश्चर्यजनक तथ्य सामने आए, जिनके कारण इनके प्रभावी योगदान पर प्रश्नचिह्न लगने की संभावना बढ़ी। प्रौढ़ शिक्षा के क्षेत्र में काम करनेवाली 382 स्वयंसेवी संस्थाओं में से केवल 27 का कार्य बिलकुल संतोषजनक पाया गया। 116 स्वयंसेवी संस्थाओं के कार्य के बारे में कहा गया कि यद्यपि उनका कार्य संतोषजनक तो है, परंतु बहुत सुधारों की आवश्यकता है। स्थिति इस दिशा में स्पष्ट है। कई संस्थाएँ केवल कागजों पर ही थीं और अनुदान ले रही थीं।

चिंताजनक स्थिति—प्रौढ़ शिक्षा का समीक्षात्मक मूल्यांकन करते समय 'शिक्षा की चुनौती' में इस प्रकार से गंभीर चिंता प्रकट की गई है, 'यदि जनसंख्या वृद्धि और साक्षरता के प्रसार की दर में कोई परिवर्तन नहीं हुआ तो सन् 2000 में भारत में 50 करोड़ निरक्षर लोग हो जाएँगे। विश्व बैंक के अनुसार उस वर्ष 15 से 19 वर्ष के आयुवर्ग में विश्व की कुल निरक्षर जनसंख्या का 54 प्रतिशत भाग भारत में होगा।'

सभी वर्गों तथा आयुवर्गों की निरक्षरता की गिनती की जाए तो इस समय संसार में प्रत्येक तीसरा निरक्षर व्यक्ति भारतीय है; हालाँकि भारत की जनसंख्या संसार की जनसंख्या का छठा भाग है। दूसरे शब्दों में, हर तीसरे के स्थान पर सामान्यतया छठा निरक्षर भारतीय होना चाहिए।

पिछले कई वर्षों से चलाए जा रहे प्रौढ़ शिक्षा कार्यक्रम का अनुभव और स्वयंसेवी संस्थाओं द्वारा किए गए उसके मूल्यांकन से पता चलता है कि पर्याप्त प्रेरणा का अभाव होने के कारण निरक्षर लोग प्रौढ़ शिक्षा कार्यक्रम में सतत रूप से भाग नहीं ले पाते हैं। विकास एजेंसियाँ इस कार्यक्रम में कोई विशेष सहायता नहीं देतीं और स्थानीय स्वैच्छिक एजेंसियों और शैक्षिक संस्थाओं का इसमें मामूली सहयोग ही रहता है। साक्षरता को विकास के एक साधन के रूप में न तो प्रयुक्त ही किया गया है और न इस रूप में प्रचार-प्रसार किया गया है। इसका कारण यह है कि गरीबी और निरक्षरता के बीच के सकारात्मक संबंध को अभी

तक समझा नहीं गया है। ऐसा नहीं लगता कि नीति निर्माता लोग यह मानते हों कि समुचित रूप से तैयार किया गया प्रौढ़ शिक्षा का कार्यक्रम देश की जनता को विकास कार्य में बाधा बनने के स्थान पर विकास कार्य को बढ़ाने के लिए प्रभावी बन सकता है या प्रौढ़ शिक्षा कार्यक्रम उत्पादकता को बढ़ाने में महत्त्वपूर्ण योगदान दे सकता है। यह बहुत आश्चर्य की बात है कि लगभग 25 करोड़ कामकाजी लोगों में से 60 प्रतिशत लोग निरक्षर हैं; फिर भी इनके मालिकों से यह उत्तरदायित्व निभाने के लिए नहीं कहा गया है कि वे निरक्षर श्रमिकों अथवा कर्मियों को प्रयोजनमूलक शिक्षा प्रदान कराकर उत्पादकता बढ़ाने में उनकी उपयोगिता में वृद्धि करें।

संक्षेप में, प्रौढ़ शिक्षा की धीमी गति के निम्नलिखित कारण हैं—

1. ऐसा अनुभव किया गया है कि प्रौढ़ शिक्षा को संविधान में बहुत ही कम महत्त्व दिया गया है।
2. शिक्षा के नीति निर्धारण में तथा शिक्षा के विभिन्न स्तरों पर प्रौढ़ शिक्षा पर सैद्धांतिक रूप में तो बल दिया गया है, परंतु व्यावहारिक रूप में उच्च शिक्षा की तुलना में इसपर बहुत ही कम खर्च किया गया है।
3. प्रौढ़ शिक्षा के क्षेत्र में स्पष्ट नीति नहीं रही है। कभी तो इसमें साक्षरता पर बल दिया जाता रहा है और कभी इसका क्षेत्र विस्तृत करके इसमें सामाजिक बिंदु पर जोर दिया गया है।
4. प्रौढ़ शिक्षा के विकास के लिए क्षेत्र ठीक प्रकार से नहीं चुने जाते।
5. राजनीतिक मेनिफेस्टोस में प्रौढ़ शिक्षा की महत्ता पर पर्याप्त जोर नहीं दिया गया।
6. राजनीतिक दलों ने प्रौढ़ शिक्षा की गतिविधियों में बहुत ही कम रुचि ली है।
7. प्रौढ़ शिक्षा के क्षेत्र में काम करनेवाली गैर सरकारी संस्थाओं ने विशेष सहयोग नहीं दिया है। अनेक संस्थाएँ तो केवल कागज पर ही थीं।
8. प्रौढ़ शिक्षा के क्षेत्र में खर्च किए जानेवाले धन का ठीक ढंग से उपयोग नहीं किया गया।
9. प्रौढ़ शिक्षा के क्षेत्र में काम करनेवाले कार्यकर्ताओं में उचित उत्साह की कमी थी।
10. प्रायः बेरोजगार लोगों को इस कार्य में लगाया गया और जब उन्हें अच्छा काम मिल गया, तो प्रौढ़ शिक्षा के क्षेत्र को छोड़ गए। इस कार्य में

निरंतरता न आ सकी।

11. प्रौढ़ शिक्षा पर किए जानेवाले खर्च का एक बड़ा भाग सरकारी वाहनों तथा वेतनों में चला जाता है।
12. प्रौढ़ साक्षरता के आँकड़े रखने की एक जैसी विधि का अभाव है।
13. शिक्षण सामग्री प्रौढ़ों के सामाजिक और व्यावसायिक जीवन से प्रायः जुड़ी हुई नहीं रही।
14. प्रौढ़ शिक्षा केंद्र साधारणतया साधनहीन रहे हैं।
15. प्रौढ़ शिक्षा के कार्यक्रम में नियोजन का अभाव रहा है।
16. आधुनिक विज्ञान तथा प्रौद्योगिकी का प्रयोग साक्षरता कार्यक्रमों में नहीं किया गया है।
17. लोगों की निर्धनता भी प्रौढ़ साक्षरता के कार्यक्रम में बहुत बड़ी बाधा है।
18. प्रौढ़ शिक्षा तथा प्राथमिक शिक्षा एक-दूसरे के पूरक हैं। इन दोनों ही क्षेत्रों में वांछित सफलता नहीं मिली है।
19. व्यावसायिक उद्योगों के मालिकों ने, चाहे उद्योग सरकारी हों, गैर सरकारी हों अथवा अर्ध सरकारी, अपने ऊपर निरक्षर श्रमिकों को साक्षर बनाने का उत्तरदायित्व नहीं लिया है।

प्रौढ़ शिक्षा के प्रसार से संबंधित समस्याएँ

1. शिक्षा के क्षेत्र में विभिन्न बिंदुओं पर प्राथमिकता।
2. प्रौढ़ शिक्षा के प्रति राजनीतिक इच्छाशक्ति।
3. प्रौढ़ शिक्षा के प्रतिकूल स्थितियाँ।
4. प्रौढ़ शिक्षा की अवधारणा।
5. उपयुक्त दृश्य-श्रव्य जुटाना।
6. उपयुक्त पाठ्य सामग्री का उपलब्ध कराना।
7. प्रशिक्षित प्रौढ़ शिक्षा कार्यकर्ता जुटाना।
8. पर्याप्त प्रौढ़ शिक्षा कर्मचारी नियुक्त करना।
9. सीखने-सिखाने के उपयुक्त तरीके प्रयोग में लाना।
10. गैर सरकारी अथवा ऐच्छिक संस्थाओं का सक्रिय योगदान।
11. विभिन्न कार्यरत संस्थाओं का संयोजन।
12. समयानुसार उचित मूल्यांकन।

मुख्य सुझाव

कार्यक्रम वयस्क मनोविज्ञान के अनुरूप होना चाहिए—साक्षरता कार्यक्रम को प्रभावपूर्ण और सफल बनाने के लिए यह आवश्यक है कि इसमें विविधता हो। इस विविधता कार्यक्रम की धारणा यह है कि मनोवैज्ञानिक और सामाजिक आवश्यकताओं का पूर्ण ध्यान रखा जाए। इसके अतिरिक्त विभिन्न भाषाओं का भी ध्यान रखना होगा, क्योंकि क्षेत्रीय भाषाओं द्वारा साक्षरता कार्य करना होगा।

आधुनिक शिक्षा सिद्धांतों को ध्यान में रखते हुए शिक्षा साधनों को भी प्रौढ़ों के बौद्धिक विकास, जीवन और व्यवसाय के अनुरूप बनाना होगा। यह भी एक कठिन कार्य है। साक्षरता और प्रौढ़ शिक्षा साधन, पठन सामग्री और पाठ्य पुस्तकों में विविधता होनी चाहिए, जिससे वे समाज की बदलती हुई आवश्यकताओं को पूरा कर सकें।

उपयुक्त संस्थाओं का योगदान—इन संस्थाओं का आपसी योगदान होना चाहिए—

1. फॉर्मल शैक्षणिक संस्थाएँ; जैसे—स्कूल, कॉलेज, विश्वविद्यालय, पुस्तकालय, संग्रहालय, सामुदायिक केंद्र आदि।
2. अनौपचारिक आयोजन; जैसे—अध्ययन केंद्र, शिविर आदि।
3. मनोरंजन संस्थाएँ; जैसे—थिएटर, क्लब, मेला तथा उत्सव।
4. अध्यापक तथा अन्य कर्मचारी संघ।
5. गैर सरकारी संस्थाएँ।

औद्योगिक संस्थाओं का योगदान—बड़े-बड़े फर्मों, व्यापारिक, औद्योगिक और अन्य व्यक्तियों के बड़े-बड़े केंद्रों के मालिकों की जिम्मेदारी हो कि वे अपने यहाँ काम करनेवाले सभी लोगों को तीन वर्ष के अंदर पढ़-लिख सकने योग्य बनाएँ। यदि आवश्यकता हो तो इस उद्देश्य की पूर्ति के लिए कानून बनाया जाए।

सर्वसाधारण को भागीदार बनाने के लिए योजना—इस योजना के अंतर्गत सभी शिक्षित पुरुषों और स्त्रियों को, जिनके पास समय हो, इस बात के लिए प्रेरित किया जाए कि वे निरक्षरता को हटाने में हाथ बटाएँ और साक्षरता का एक सुनियोजित प्रोग्राम चलाया जाए। इस काम में शिक्षक और विद्यार्थी और सभी शिक्षा संस्थाएँ शामिल हों। उच्च प्राथमिक, माध्यमिक और उच्चतर माध्यमिक कक्षा के विद्यार्थियों का एक अनिवार्य राष्ट्रीय सेवा का प्रोग्राम बनाया जाए और इसमें व्यावसायिक और पूर्वस्नातक संस्थाओं, विश्वविद्यालयों और कॉलेजों के विद्यार्थियों को भी

लगाया जाए। उनके द्वारा प्रौढ़ों को साक्षर बनाया जाए। हर शिक्षा संस्था को एक निर्धारित क्षेत्र से निरक्षरता को हटाने के लिए जिम्मेदार ठहराया जाए। साक्षरता का प्रोग्राम ध्यान से योजना बनाने और पूरी तैयारी करने के बाद चालू किया जाए।

प्रौढ़ स्त्रियों के लिए संक्षिप्त कोर्स—औरतों में साक्षरता लाने के लिए केंद्रीय सामाजिक कल्याण बोर्ड के बनाए गए संक्षिप्त कोर्स को चलाया जाए। गाँवों में पढ़ी-लिखी ग्रामीण स्त्रियों को निरक्षर ग्रामीण स्त्रियों को शिक्षित करने का काम सौंपा जाए और प्रौढ़ शिक्षा की योजना को सफल बनाया जाए। संचार के सार्वजनिक साधनों को अपनाया जाए, जिससे ज्ञान फैलाने, कला-कौशल सिखाने, काम के गुणों और जीवन के स्तर को बढ़ाने के लिए अनुकूल वातावरण बनाया जाए।

दुहराई प्रोग्राम—साक्षरता को स्थिर रखने के लिए पुस्तकालय, वाचनालय आदि खोले जाएँ। नवशिक्षित लोगों को इनमें जाने के लिए प्रेरित किया जाए, ताकि वे साक्षर बनकर फिर निरक्षर न बन जाएँ। सभी प्रकार की और हर श्रेणी की शिक्षा संस्थाओं को अपने नियमित काम के घंटों के बाहर उन लोगों की शिक्षा के लिए खुला रखा जाए, जो शिक्षा पाने के इच्छुक हों। इसका अर्थ है कि एक समानांतर पार्ट-टाइम शिक्षा का प्रोग्राम चलता रहे, जिससे प्रौढ़ न केवल साक्षर बन सकें, बल्कि स्कूलों और कॉलेजों में पढ़नेवाले छात्रों की तरह सर्टीफिकेट, प्रमाणपत्र, उपाधियाँ आदि भी ग्रहण कर सकें। शिक्षा संस्थाओं को एक ऐसा कोर्स चलाने में नेतृत्व देना चाहिए, जिससे सर्वसाधारण निरक्षरता की कठिनाई को दूर करने के महत्त्व को समझ सकें और इस काम को करने के लिए अधिक ध्यान और अनुभव प्राप्त कर सकें।

प्रौढ़ शिक्षा कार्यक्रम को लोकप्रिय बनाने के लिए दृश्य-श्रव्य साधन—अध्यापकों के प्रयोग करने के लिए साधारण दृश्य-श्रव्य साधन साक्षर कक्षाओं में प्रयोग के लिए आवश्यक समझना चाहिए। कार्यक्रम के आरंभ में ही ऐसे साधनों की व्यवस्था होनी चाहिए। प्रशिक्षण प्राप्त करने पर ऐसे किट अध्यापकों को देने चाहिए। ये दृश्य-श्रव्य साधन निम्नलिखित हैं—

श्यामपट्ट और विभिन्न रंगों के चाक—कक्षा में स्थायी श्यामपट्ट होने चाहिए, अन्यथा अस्थायी श्यामपट्टों की व्यवस्था होनी चाहिए, जिन्हें अध्यापक कक्षा में ला सकें और प्रयोग कर सकें।

चार्ट्स और फ्लैश चार्ट्स—चार्ट्स द्वारा अक्षर, शब्द गिनती (अंक), चित्र बड़े बनाकर दिखाए जाते हैं, जिससे इन्हें पहचानने में सुविधा होती है।

फिलैलन ग्राफ—यह फिलैलन अथवा मोटे कपड़े का बना होता है। इसपर

चित्र आदि लगाए जाते हैं, जिनके पीछे रेगमाल लगा होता है। इसके द्वारा विद्यार्थियों को अक्षर मिलाने और शब्द मिलाने का अभ्यास कराया जा सकता है। इस साधन को विभिन्न प्रकार से प्रयुक्त किया जा सकता है।

रेडियो—जब से ट्रांजिस्टर बने हैं, संसार के अधिक भागों में रेडियो का प्रचार अधिक हो गया है। परंतु इसके प्रयोग के लिए एक अच्छे रेडियो की आवश्यकता होती है। उचित मूल्य पर इसकी मरम्मत की भी व्यवस्था होनी चाहिए।

टेलीविजन—रेडियो की अपेक्षा टेलीविजन शिक्षा का उत्तम माध्यम है, क्योंकि इसमें श्रव्य के साथ दृश्य सुविधा भी होती है।

उपयुक्त पाठ्य सामग्री—इसमें ये शामिल हैं—

(i) पुस्तकें और लघु पुस्तिकाएँ, (ii) दैनिक समाचार पत्र, (iii) मासिक पत्र आदि। इनका चुनाव करते समय भाषा, शैली, चित्र और सज्जा आदि पर विशेष ध्यान दिया जाना चाहिए।

1. भाषा सरल हो।
2. शब्द भंडार की सीमा पर वयस्कों की भाषा संबंधी पृष्ठभूमि की दृष्टि से विचार किया जाए।
3. नए शब्द बार-बार दोहराए जाएँ।
4. अच्छे चित्रों की व्यवस्था हो।
5. पाठ्य सामग्री में वयस्कों की रुचि की बातें, जैसेकि खेल, स्वास्थ्य, कृषि, उद्योग, हास्य-व्यंग्य शामिल होने चाहिए।

योग्य कार्यकर्ताओं की आवश्यकता—व्यावहारिक साक्षरता को ध्यान में रखते हुए इस कार्य को पूरा करने के लिए आवश्यक संख्या में व्यक्ति उपलब्ध होने चाहिए।

निम्नलिखित व्यक्तियों की सहायता ली जा सकती है—

1. स्कूल और कॉलेजों के अध्यापक।
2. स्कूल और कॉलेजों के विद्यार्थी।
3. अवकाशप्राप्त व्यक्ति।
4. बेरोजगार शिक्षित।
5. सामाजिक तथा धार्मिक कार्यकर्ता।
6. अन्य कर्मचारी।

पुस्तकालय—स्कूलों के पुस्तकालयों को सार्वजनिक पुस्तकालयों के साथ संपर्क रखना चाहिए और इनमें बच्चों और नवशिक्षितों के पढ़ने योग्य पुस्तकें होनी

चाहिए। पुस्तकालय गतिशील होने चाहिए और प्रौढ़ों के लिए आकर्षक बनें।

विश्वविद्यालयों का काम—भारत में विश्वविद्यालयों को प्रौढ़ शिक्षा के लिए अधिक जिम्मेदारी लेनी चाहिए। प्रत्येक विश्वविद्यालय के प्रौढ़ शिक्षा के सुचारु प्रबंध के लिए प्रौढ़ शिक्षा बोर्ड स्थापित करने चाहिए, जिनके सदस्य सारे संबद्ध विभागों से लेने चाहिए।

प्रबंध तथा प्रशासन—प्रौढ़ शिक्षा के प्रबंध का ढाँचा मजबूत किया जाए। प्रौढ़ शिक्षा में काम करनेवाले व्यक्तियों और संस्थाओं को धन से और अन्य तरीकों से प्रोत्साहन मिलना चाहिए।

पत्र-व्यवहार के कोर्स—पत्र-व्यवहार के कोर्स बड़े पैमाने पर चलाए जाएँ, जिससे वे लोग भी शिक्षा प्राप्त कर सकें जो पार्ट-टाइम कोर्सों से लाभ न उठा सकें। पत्र-व्यवहार के कोर्सों को चलाने में निम्नलिखित बातों का ध्यान रखा जाए—

1. पत्र-व्यवहार के द्वारा शिक्षा पानेवाले विद्यार्थियों को कभी-कभी शिक्षकों से मिलने का मौका दिया जाए।
2. ऐसे विद्यार्थियों को मान्यताप्राप्त संस्थाओं के विद्यार्थियों के समान समझा जाए और जहाँ कहीं संभव हो, कुछ कॉलेजों के साथ संबंधित किया जाए, ताकि वे पुस्तकालयों आदि से लाभ उठा सकें।
3. पत्र-व्यवहार के कोर्सों को केवल इसलिए नहीं चलाना चाहिए कि और विद्यार्थी विश्वविद्यालयों की उपाधियाँ प्राप्त कर सकें; बल्कि कृषि, उद्योग व दूसरे क्षेत्रों में काम करनेवालों को भी विशेष शिक्षा दी जाए, जिससे वे उत्पादन को बढ़ा सकें।
4. पत्र-व्यवहार के कोर्सों को उन विद्यार्थियों के लिए भी चलाया जाए जो सांस्कृतिक और मनोरंजन संबंधी ज्ञान को बढ़ाकर अपना जीवन अधिक आनंदमय बनाना चाहते हैं।

अंतरराष्ट्रीय सहयोग कार्य—

1. यद्यपि निरक्षरता को दूर करने की जिम्मेदारी स्वयं राष्ट्रों की है, फिर भी इस बड़े कार्य में अंतरराष्ट्रीय सहयोग की आवश्यकता है।
2. सबसे प्रथम बात है कि प्रत्येक देश जो निरक्षरता दूर करने में लगा हुआ है, अपनी-अपनी आवश्यकताओं को समझे तथा योजना बनाए और विभिन्न सहायता प्राप्त करने के साधन निश्चित करे।
3. अंतरराष्ट्रीय सहयोग में सबसे महत्त्वपूर्ण कार्य पारस्परिक अनुभवों से

लाभ उठाना है और आपस में सहयोग बनाना है। समान उद्देश्य और विभिन्न साधनों से कार्य सफल होने में सहायता मिलेगी।

4. साक्षरता कार्य में सहायता देने के लिए विकसित देशों को विकासशील देशों की आवश्यकताओं को ध्यान में रखना चाहिए।
5. साक्षरता से कृषि, औद्योगिक विकास, श्रम-गतिशीलता और अंतरराष्ट्रीय व्यापार को बढ़ावा मिलेगा, इसलिए अंतरराष्ट्रीय सहयोग आवश्यक है। यूनेस्को परियोजना के अधीन शुरू किए गए साक्षरता कार्यक्रम में यूनाइटेड नेशंस को अपने विशेष फंड से सहयोग देना चाहिए।
6. आर्थिक विकास परियोजना; जैसे—कृषि और औद्योगिक योजनाओं के लिए शिक्षा विस्तार आवश्यक है, अतः अंतरराष्ट्रीय और क्षेत्रीय अधिकारियों को उपलब्ध धन में से कुछ भाग साक्षरता पर खर्च करना चाहिए।
7. साक्षरता कार्य की जटिलता और विविध जिम्मेदारियों के कारण यूनेस्को की विभिन्न संस्थाओं को सहयोग देना चाहिए।
8. राष्ट्रीय कार्यक्रम में अंतरराष्ट्रीय सहयोग को उचित स्थान मिलना चाहिए। इस दिशा में भी यूनेस्को महत्त्वपूर्ण कार्य कर सकता है।
9. निरक्षरता को दूर करने के लिए यूनेस्को को निम्न कार्य करने चाहिए—
   (क) जानकारियों और लाभकारी अनुभवों का आदान-प्रदान करना।
   (ख) विश्व भर में साक्षरता के विभिन्न पहलुओं का अध्ययन।
   (ग) व्यावहारिक साक्षरता के साधनों का तुलनात्मक मूल्यांकन करना।
   (घ) कार्यक्रम को कार्यरूप देने के लिए लोगों को प्रशिक्षण देना।
   (ङ) सदस्य देशों को कार्यक्रम को क्रियात्मक रूप देने में सलाह देना।

नियमित मूल्यांकन—कार्य की जटिलता और सामाजिक होने के नाते प्राप्त अनुभवों को सोच-समझकर योजनाबद्ध करना होगा। आर्थिक, सामाजिक और शैक्षिक दृष्टि से पूर्ण कार्यक्रम का वैज्ञानिक ढंग से मूल्यांकन करना जरूरी है।

मूल्यांकन द्वारा भिन्न-भिन्न देशों से तुलना की जा सकेगी और देखा जा सकेगा कि सफलता पर्याप्त है अथवा नहीं तथा प्रत्यक्ष रूप में और सीधे तौर से साधनों का प्रभावपूर्ण प्रयोग हुआ अथवा नहीं।

इन अध्ययनों और मूल्यांकनों के परिणाम उन सभी को उपलब्ध होने चाहिए जो साक्षरता की समस्या में रुचि लेते हैं।

प्रौढ़ शिक्षा कार्यक्रम की सफलता के लिए आवश्यक बातें—

1. स्थानीय दशाओं और आवश्यकताओं को ध्यान में रखते हुए साक्षरता कार्यक्रम बनाया जाए।
2. प्रौढ़ शिक्षा के कार्यक्रमों में पढ़ने-लिखने में कुशल बनाने के साथ-साथ प्रौढ़ों के व्यवसाय से संबंधित ज्ञान और कौशल, अपने समुदाय, देश और संसार की महत्त्वपूर्ण समस्याओं के प्रति जागरूकतावाले कार्यक्रम भी शामिल होने चाहिए।
3. कार्यक्रम के लिए आवश्यक सामग्री को पर्याप्त मात्रा में पहले से ही तैयार रखना चाहिए। इसमें पाठ्य पुस्तकें और अन्य पाठ्य सामग्री; जैसे—चार्ट, नक्शे, पथ-प्रदर्शिकाएँ आदि शामिल होनी चाहिए।
4. साक्षरता कार्यक्रम को रोचक तथा प्रभावी बनाने के लिए दृश्य-श्रव्य, विशेषकर रेडियो, दूरदर्शन, प्रेस, फिल्म, नाटक आदि साधनों का उपयोग करना चाहिए।
5. साक्षरता कार्यक्रम चलाने से पूर्व प्रौढ़ निरक्षरों को मनोवैज्ञानिक ढंग से तैयार करना चाहिए और उनमें प्रेरणा जगानी चाहिए।
6. जो व्यक्ति प्रौढ़ों को पढ़ाएँ, उन्हें प्रौढ़ों को पढ़ाने और उनसे व्यवहार करने के ढंगों के बारे में थोड़ा प्रशिक्षण दिया जाना चाहिए।
7. पढ़ानेवालों के लिए मार्गदर्शक पुस्तकों तथा अन्य सहायक सामग्री की भी व्यवस्था की जानी चाहिए।
8. इस अभियान को प्रभावी बनाने के लिए प्रत्येक स्थान पर पुस्तकालय और वाचनालय स्थापित किए जाने चाहिए।
9. आकाशवाणी तथा दूरदर्शन का प्रयोग साक्षर प्रौढ़ों के सामाजिक जीवन के उत्तरदायित्वों के प्रति जागरूकता जगाने के लिए किया जाना चाहिए।
10. उद्योग, कृषि, जन स्वास्थ्य, सहकारिता, सामुदायिक विकास आदि विभागों की प्रौढ़ शिक्षा कार्यक्रम में सहायता मिलनी चाहिए।
11. राजनीतिक, सामाजिक तथा अन्य नेताओं को इस कार्यक्रम में विशेष रुचि लेनी चाहिए।
12. स्वैच्छिक संगठनों को अपना उत्तरदायित्व ठीक प्रकार से निभाना होगा।
13. यदि संभव हो, प्रौढ़ शिक्षा का कार्यक्रम 'सीखना' और 'कमाना' होना चाहिए।
14. साक्षरता के लिए एक कार्यकुशल संगठन होना चाहिए।

उपसंहार

निरक्षरता को दूर करना संभव है। एक सौ से ऊपर देशों ने निरक्षरता को दूर करके दिखा दिया है। इनमें अनेक विकासशील तथा अविकसित देश भी शामिल हैं। ऐसे देशों की स्थिति पर अलग से चर्चा की गई है। ये देश ऐसा इस कारण कर सके क्योंकि वे इसे राजनीतिक निर्णय लेने तथा राष्ट्रीय पुनर्निमाण करने की प्रक्रिया में आम जनता के सार्थक रूप से भाग लेने में एक आवश्यक घटक मानते थे। यह बात भारत के लिए भी सही है। राजनीतिज्ञों को सावधानीपूर्वक विचार करके तय करना है, जिससे कि प्रौढ़ शिक्षा कार्यक्रमों के प्रति अभी तक जो रुख अपनाया गया है, वह समाप्त किया जा सके और इस बारे में कोई निर्णायक कार्रवाई की जा सके।

यदि प्रौढ़ शिक्षा के कार्यक्रम को चालू रखना है तो इस कार्यक्रम की विषय-वस्तु, कार्य-प्रणाली तथा पाठ्य सामग्री की उपयुक्तता और साक्षर हो जाने के पश्चात् कार्यक्रम की प्रभाविकता की दृष्टि से पुनः मूल्यांकन करना होगा। इस बात को भलीभाँति जानने की आवश्यकता है कि प्रौढ़ शिक्षा का प्राथमिक शिक्षा के विस्तार और विकास में बहुत योगदान हो सकता है। यूनेस्को द्वारा कराए गए अध्ययनों से पता चलता है कि यदि 70 प्रतिशत तक साक्षरता हो जाए तो हम प्राथमिक शिक्षा के सार्वजनीकरण के लक्ष्य तक पहुँच सकते हैं। अतः प्रौढ़ साक्षरता के महत्त्व को भलीभाँति समझने की आवश्यकता है। प्रौढ़ साक्षरता से देश की समस्याओं को सुलझाया जा सकता है।

□

प्रौढ़ शिक्षा के प्रमुख कार्यक्रम तथा एजेंसियाँ

प्रमुख कार्यक्रम

प्रौढ़ शिक्षा के क्षेत्र में निम्नलिखित महत्त्वपूर्ण कार्यक्रम चलाए जा रहे हैं—

1. साक्षरता अभियान
2. कृषकों के लिए प्रौढ़ शिक्षा संबंधी कुछ नए कार्यक्रम
   (i) कृषकों के लिए कार्यात्मक साक्षरता।
   (ii) युवक प्रशिक्षण कार्यक्रम।
   (iii) कृषि प्रसारण : रेडियो तथा दूरदर्शन।
3. मजदूरों की शिक्षा : इसके अंतर्गत निम्नलिखित कार्यक्रम हैं—
   (i) श्रमिक विद्यापीठ या पोलीवेलेंट प्रौढ़ शिक्षा केंद्र।
   (ii) एक दिवसीय, तीन दिवसीय तथा साप्ताहिक गोष्ठियाँ।
4. महिलाओं के लिए प्रौढ़ शिक्षा
   (i) केंद्रीय समाज कल्याण परिषद् की स्त्री प्रौढ़ शिक्षा संबंधी योजना।
   (ii) ग्रामीण महिलाओं के लिए व्यावहारिक आहार कार्यक्रम।
   (iii) स्त्रियों और लड़कियों के लिए अनौपचारिक शिक्षा प्रायोजना—यह प्रायोजना 1982-83 से यूनिसेफ की सहायता से चलाई जा रही है। अन्य कार्यक्रमों के साथ-साथ इस प्रायोजना का लक्ष्य है—महिला प्रौढ़ शिक्षा केंद्रों में माँ और बच्चे की देख-रेख से संबंधित आवश्यक सुविधाएँ उपलब्ध कराना।
   (iv) एकीकृत बाल विकास सेवा योजना के अंतर्गत प्रौढ़ महिला के लिए कार्यात्मक साक्षरता का प्रावधान करना।
5. प्रौढ़ शिक्षा साक्षरों के लिए पारितोषिक योजना।

6. युवकों के लिए प्रौढ़ शिक्षा कार्यक्रम
   (i) नेहरू युवक केंद्र प्रायोजना।
   (ii) ग्रामीण युवकों के लिए विद्यापीठ योजना, मुख्यत: कर्नाटक में।
7. प्रौढ़ शिक्षा के क्षेत्र में विभिन्न प्रसाधनों एवं एजेंसियों का सहयोग
   (i) सामुदायिक विकास कार्यक्रमों द्वारा प्रौढ़ शिक्षा।
   (ii) विश्वविद्यालयों द्वारा विकास कार्यक्रम।
   (iii) स्वयंसेवी संगठन।
8. राष्ट्रीय प्रौढ़ शिक्षा परिषद्।
9. नवसाक्षरों के लिए साहित्य और पाठ्य सामग्री का निर्माण, प्रकाशन तथा वितरण।
10. प्रौढ़ शिक्षा प्रशिक्षण कार्यक्रम तथा अनुसंधान कार्य।

स्वयंसेवी संगठन

समाजसेवी संस्थाओं तथा संगठनों ने प्रौढ़ शिक्षा के क्षेत्र में महत्त्वपूर्ण भूमिका निभाई है; यद्यपि अनेक स्वयंसेवी संगठनों के कार्य पर प्रश्नचिह्न भी लग गया है। इसमें जरा भी संशय नहीं कि यदि इन संगठनों ने पर्याप्त उत्साह दिखाया होता तो प्रौढ़ शिक्षा के विकास की स्थिति बहुत ही संतोषजनक होती।

भारत सरकार शिक्षा मंत्रालय/शिक्षा विभाग ऐसे संगठनों को 1953-54 से अनुदान दे रहा है; परंतु इस अनुदान का कुल मिलाकर वांछित परिणाम दृष्टिगोचर नहीं है। शिक्षा विभाग, भारत सरकार जिन विभिन्न स्वयंसेवी संगठनों और संस्थाओं को अनुदान देता रहा है, उनमें से कुछ प्रमुख ये हैं—

1. भारतीय प्रौढ़ शिक्षा परिषद्, दिल्ली।
2. सेवा मंदिर, हिंदूपुर जिला, आनंतपुर, आंध्र प्रदेश-515212।
3. आंध्र प्रदेश ओपन स्कूल सोसाइटी, एस.सी.ई.आर.टी. कैंपस, हैदराबाद-500004।
4. सादौ असम ग्राम्य पुथीबारल संथा, हैबरगाँव, पोस्ट ऑफिस नागौं, जिला आसाम-782002।
5. पं. श्रीराम शर्मा सेवा संस्थान, रसूलपुर गाँव, गोपालगंज, बिहार।
6. एशियन डेवलपमेंट रिसर्च इंस्टीट्यूट, अदरी, बिहार-800013।
7. विवेकानंद बिहार सेवा संस्थान, मसावधी, पटना, बिहार।
8. हरिशक्ति दातव्या सेवा संघ, सराय, जिला पटना, बिहार।

9. समता ग्राम सेवा संस्थान, गाँव बरदिया, जिला वैशाली, बिहार-843110।
10. श्रीमती बी.के. जोशी शिक्षा ट्रस्ट, विपारी जीन, जिला मेशना, गुजरात-382721।
11. इंडियन इंस्टीट्यूट ऑफ एजूकेशन, कोठरुड, पुणे-411029
12. स्टेट रिसोर्स सेंट्रल नॉर्थ हिल यूनिवर्सिटी, शिलाँग।
13. जोए भारती सथी समाज, सबलौंग कणिपुरा, जिला कटक, उड़ीसा-754208।
14. एसोसिएशन ऑफ नेशनल सर्विस, एन.जी.ओ. कॉलोनी, चिंगल पट्टू, तमिलनाडु-603001।
15. महिला उद्योग प्रशिक्षण केंद्र, सालिक गंज रोड, मुथीगंज, इलाहाबाद।
16. श्री रामशरण स्मारक सेवा सदन बिसौली, बदायूँ, उत्तर प्रदेश-202520।
17. श्री संस्कृत शिक्षा प्रसार समिति, पटेल नगर, उड़िया, उत्तर प्रदेश-285123।
18. लोकहित ट्रस्ट, शक्ति मार्ग, वाराणसी, उत्तर प्रदेश-221002।
19. नॉर्थ परगना जिला साक्षर समिति, बरसात, पश्चिम बंगाल-743201।
20. डॉ. ए.बी. बलिगा मेमोरियल ट्रस्ट, बहादुरशाह जफर मार्ग, नई दिल्ली-110002।
21. कथा बिल्डिंग सेंटर, सराय काले खाँ, निजामुद्दीन, नई दिल्ली-110013।
22. भारतीय ग्रामीण महिला संघ, इंदौर (मध्य प्रदेश)।
23. गुजरात विद्यापीठ, अहमदाबाद (गुजरात)।
24. लिटरेसी हाऊस, लखनऊ (उत्तर प्रदेश)।
25. राजस्थान विद्यापीठ, उदयपुर (राजस्थान)।
26. सेवा मंदिर, उदयपुर (राजस्थान)।

इंडियन एडल्ट एसोसिएशन दिल्ली—वर्ष 1937 में स्थापित इस स्वयंसेवी संस्था ने प्रौढ़ शिक्षा के क्षेत्र में उल्लेखनीय कार्य किया है। इस संस्था का कार्यक्षेत्र बहुत विस्तृत है। इसके द्वारा समय-समय पर विभिन्न कार्य-कलापों, प्रौढ़ शालाओं, सभाओं, व्याख्यान मालाओं आदि का आयोजन किया जाता है। प्रौढ़ शिक्षा से संबंधित पाठ्य सामग्री का निर्माण करना तथा प्रकाशन करना इसके महत्त्वपूर्ण कार्यों में है। यह संस्था हिंदी तथा अंग्रेजी में प्रौढ़ शिक्षा पर दो पत्रिकाओं का प्रकाशन भी करती है। साक्षरता के अभियान को प्रोत्साहित करने के लिए इस संस्था द्वारा नेहरू लिटरेसी एवार्ड नाम से एक पारितोषिक देना भी आरंभ किया है। यह पारितोषिक प्रतिवर्ष किसी एक व्यक्ति या संस्था को प्रौढ़ साक्षरता के क्षेत्र में

महत्त्वपूर्ण कार्य करने के फलस्वरूप दिया जाता है।

मैसूर राज्य प्रौढ़ शिक्षा परिषद्—यह संगठन कई ग्रामीण युवा केंद्र चला रहा है। इनमें डेनमार्क के 'फोक हाई स्कूलों' की भाँति ग्रामीण युवकों को अपना सामाजिक और राष्ट्रीय उत्तरदायित्व निभाने हेतु तैयार किया जाता है। इनमें उन्नीस से लेकर तीस वर्ष की आयु के चुने हुए ग्रामीण युवकों को सामान्य और व्यावहारिक शिक्षा प्रदान की जाती है। ये युवक अपने इस अध्ययन और प्रशिक्षण काल में, जो लगभग 5 माह का होता है, अपने युवाकेंद्र/विद्यापीठ में ही रहते हैं।

राष्ट्रीय आधारभूत केंद्र—समाज शिक्षा के क्षेत्र में जिला अधिकारी और प्रौढ़ों को शिक्षा देनेवाले लोगों को प्रशिक्षण देने के लिए इस संस्था की स्थापना सन् 1956 में हुई थी। इसका कार्य अपने क्षेत्र की समस्याओं पर शोध करना तथा शिक्षण सामग्री और दृश्य-श्रव्य उपकरण तैयार करना था।

श्रमिकों की शिक्षा का केंद्रीय बोर्ड—इस बोर्ड का मुख्य कार्य प्रशिक्षण संस्थाओं द्वारा एप्रेंटिसशिप योजना के अंतर्गत श्रमिकों के लिए सायंकालीन प्रशिक्षण की व्यवस्था करना है।

प्रौढ़ शिक्षा का राष्ट्रीय बोर्ड—इस बोर्ड की स्थापना 1969 में की गई। प्रौढ़ शिक्षा के संबंध में केंद्र तथा राज्यों को परामर्श देने के लिए इस संस्था का गठन किया गया। इसके अध्यक्ष केंद्र के शिक्षामंत्री हैं। इसमें अन्य राज्यों के प्रतिनिधि भी हैं। प्रौढ़ शिक्षा को बढ़ाने, कार्यक्रम तथा नीति निर्धारित करने और उसकी प्रगति का मूल्यांकन करने का कार्य यह बोर्ड करता है। इस क्षेत्र में काम करनेवाली संस्थाओं का समायोजन भी यह बोर्ड करता है। इसका कार्यक्षेत्र नव साक्षरों के लिए साहित्य तथा प्रशिक्षण सामग्री का निर्माण तथा प्रकाशन करना भी है। प्रौढ़ शिक्षा पर शोध का कार्य भी यह बोर्ड करता है।

प्रौढ़ शिक्षा का राष्ट्रीय संस्थान (Board of Adult Education)—इस संस्थान की स्थापना 1991 में एक स्वायत्त संस्था के रूप में भारत सरकार, मानव संसाधन मंत्रालय, शिक्षा विभाग ने की। यह संस्थान प्रौढ़ शिक्षा के सारे कार्यक्रमों तथा संपूर्ण साक्षरता अभियान के स्रोत केंद्र के रूप में कार्य कर रहा है। इस संस्थान के आठ इकाइयाँ हैं, जिनके द्वारा प्रौढ़ शिक्षा के क्षेत्र में व्यावसायिक तथा प्रशासनिक कार्य किए जाते हैं।

□

साक्षरता तथा प्रौढ़ शिक्षा संबंधी आँकड़े

शैक्षिक आँकड़ों के विभिन्न स्रोत हैं। प्रायः इन स्रोतों द्वारा दिए गए आँकड़ों में थोड़ा-बहुत अंतर अवश्य रह जाता है। जहाँ तक प्रौढ़ शिक्षा का संबंध है, इसके आँकड़ों में भी मतभेद देखे गए हैं। पहली पाँच पंचवर्षीय योजनाओं में तो प्राथमिक, माध्यमिक तथा उच्च शिक्षा की भाँति प्रौढ़ शिक्षा का स्वतंत्र रूप से कोई शैक्षिक सेक्टर नहीं था।

प्रौढ़ शिक्षा की परिभाषा तथा स्वरूप में भी समय-समय पर अंतर आया है। इस कारण से भी आँकड़ों में कुछ अंतर आ जाता है।

अंतर आने के बहुत से कारण हो सकते हैं। परंतु हमारे लिए इन अंतरों की गहराई में जाना विषय से दूर जाना होगा।

आँकड़ों में अंतरों के होते हुए भी कुल मिलाकर स्थिति लगभग वही है।

इस अध्याय में प्रौढ़ साक्षरता, साक्षरता, राज्यवार साक्षरता, लिंगवार साक्षरता तथा प्रौढ़ शिक्षा पर होनेवाले व्यय के आँकड़े जहाँ तक संभव है, ऐतिहासिक परिप्रेक्ष्य में देने का प्रयास किया गया है।

तालिका-10.1

भारत में प्रौढ़ साक्षरता दर (1970 से 1995)

वर्ष	*कुल प्रौढ़ साक्षरता दर*	*प्रौढ़ पुरुष साक्षरता दर*	*प्रौढ़ महिला साक्षरता दर*
1970	30	47	20
1980	42	55	25
1991	48	62	32
1992	50	64	35
1995	52	66	38

नोट—15 वर्ष से ऊपर के व्यक्ति जो पढ़-लिख सकते हैं।

स्रोत—यूनिसेफ की विभिन्न रिपोर्टों से आँकड़े संकलित।

1991 की जनगणना के अनुसार साक्षरता—

1991 की जनगणना में उस व्यक्ति को साक्षर माना गया जो किसी भी भाषा को समझ के साथ पढ़ तथा लिख सके। साक्षर व्यक्तियों की गणना करते समय आयुवर्ग 7 तथा उससे ऊपर लिया गया। जम्मू तथा कश्मीर में जनगणना न होने के कारण वहाँ के आँकड़े सम्मिलित नहीं किए जा सके।

तालिका–10.2

1981 तथा 1991 के बीच साक्षरों तथा निरक्षरों की संख्या (लाख में)

साक्षरता	*कुल संख्या*	*पुरुष*	*महिला*
1981	234.15	157.08	77.07
1991	349.76	223.70	126.06
बढ़ोतरी	115.61	66.62	48.99
निरक्षरता			
1981	302.06	120.96	181.10
1991	320.41	124.77	195.64
बढ़ोतरी	18.35	3.81	14.54

तालिका–10.3

ग्रामीण तथा शहरी क्षेत्रों में साक्षरता : लिंग अनुसार : जनसंख्या 7 वर्ष तथा इससे ऊपर (1961–91) (लाख में)

	साक्षर			*निरक्षर*		
वर्ष/क्षेत्र	*कुल*	*पुरुष*	*महिला*	*कुल*	*पुरुष*	*महिला*
1981						
सभी क्षेत्र	234.15	157.08	77.07	302.06	120.96	181.1
	(43.6)	(56.5)	(29.8)	(56.4)	(43.5)	(70.2)
ग्रामीण क्षेत्र	146.6	103.51	43.09	259.59	104.80	154.79
	(36.1)	(49.7)	(21.8)	(63.9)	(50.3)	(78.2)
शहरी क्षेत्र	87.55	53.57	33.98	42.47	16.16	26.31
	(67.3)	(76.8)	(56.4)	(32.7)	(23.2)	(43.6)

1991						
सभी क्षेत्र	349.76 (52.2)	223.70 (64.2)	126.06 (39.2)	320.41 (47.8)	124.77 (35.8)	195.64 (60.8)
ग्रामीण क्षेत्र	218.32 (44.5)	146.38 (57.8)	71.94 (30.3)	271.81 (55.5)	106.69 (42.2)	165.12 (69.7)
शहरी क्षेत्र	131.44 (73.1)	77.32 (81.0)	54.12 (63.9)	48.60 (26.9)	18.08 (19.0)	30.52 (36.1)

असम तथा जम्मू-कश्मीर को छोड़कर, जहाँ 1981 में जनगणना न हुई। 1991 में साक्षरता दर तथा संख्या का अनुमान 7 वर्ष तथा इससे ऊपर जनसंख्या का है।

नोट—कोष्ठकों में दी गई दर उसी वर्ग की जनसंख्या से संबंधित है।

स्रोत—भारत की जनगणना 1991, पेपर 2, 1991 (पृ. 51)

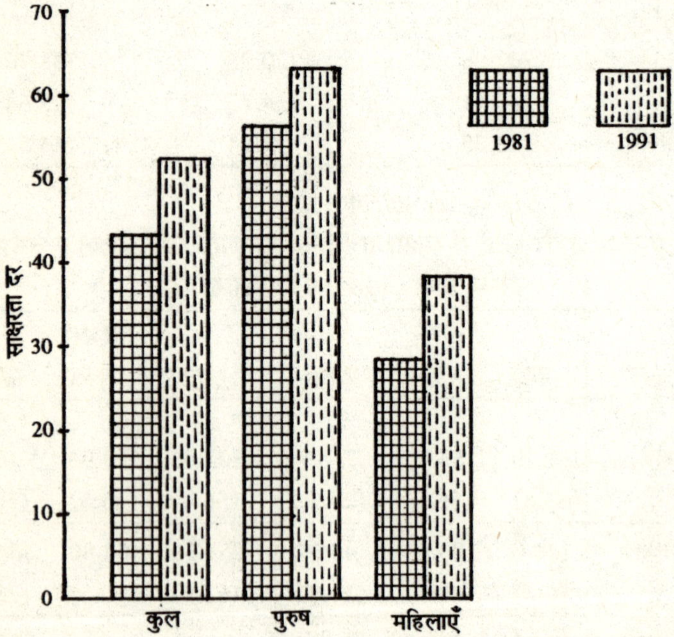

चित्र-10.1 : भारत में साक्षरता (1981 तथा 1991)

तालिका–10.4

राज्यवार साक्षरता दर : जनसंख्या आयु सात वर्ष तथा इससे ऊपर (1981 तथा 1991)

क्र. राज्य/संघराज्य क्षेत्र	1981 साक्षरता दर			1991 साक्षरता दर		
	कुल	पुरुष	महिला	कुल	पुरुष	महिला
1. आंध्र प्रदेश	35.66	46.83	24.16	44.09	55.13	32.72
2. अरुणाचल प्रदेश	25.55	35.12	14.02	41.59	51.45	29.69
3. असम	----	----	----	52.89	61.87	43.03
4. बिहार	32.05	46.6	16.52	38.48	52.49	22.89
5. गोवा	65.71	76.01	55.17	75.51	83.64	67.09
6. गुजरात	52.21	65.14	38.46	61.29	73.13	48.64
7. हरियाणा	43.88	58.51	26.93	55.85	69.1	40.47
8. हिमाचल प्रदेश	51.18	64.27	37.72	63.86	75.36	52.13
9. जम्मू व कश्मीर	32.68	44.18	19.55	----	----	----
10. कर्नाटक	46.21	58.73	33.17	56.04	67.26	44.34
11. केरल	81.56	87.73	75.65	89.81	93.62	86.17
12. मध्य प्रदेश	34.23	48.42	19	44.2	58.42	28.85
13. महाराष्ट्र	55.83	69.65	41.01	64.87	76.56	52.32
14. मणिपुर	49.66	64.15	34.67	59.89	71.63	47.6

15. मेघालय	42.05	46.65	37.17	49.1	53.12	44.85
16. मिजोरम	74.26	79.36	68.61	82.27	85.61	78.6
17. नागालैंड	50.28	58.58	40.39	61.65	67.62	54.75
18. उड़ीसा	40.97	56.45	25.14	49.09	63.09	34.68
19. पंजाब	48.17	55.56	39.7	58.51	65.66	50.41
20. राजस्थान	30.11	44.77	14	38.55	54.99	20.44
21. सिक्किम	41.59	53	27.38	56.94	65.74	46.69
22. तमिलनाडु	54.39	68.05	40.43	62.66	73.75	51.33
23. त्रिपुरा	50.11	61.49	38.01	60.44	70.58	49.65
24. उत्तर प्रदेश	33.35	47.45	17.19	41.6	55.73	25.31
25. पश्चिम बंगाल	48.65	59.93	36.07	57.7	67.81	46.56
26. अंडमान व निकोबार द्वीपसमूह	63.19	70.29	53.19	73.02	78.99	65.46
27. चंडीगढ़	74.81	78.89	69.31	77.81	82.04	72.34
28. दादर व नगर हवेली	32.7	44.64	20.37	40.71	53.56	26.98
29. दमन और दीव	59.91	74.47	46.5	71.2	82.66	59.4
30. दिल्ली	71.94	79.28	62.6	75.29	82.01	66.99
31. लक्षद्वीप	68.42	81.24	55.32	81.78	90.18	72.89
32. पांडिचेरी	65.14	77.09	53.03	74.74	83.68	65.63
भारत	43.67	56.5	29.85	52.21	64.13	39.29

तालिका-10.5

भारत में साक्षरता दर (1901 से 1991)

वर्ष	*पुरुष*	*स्त्री*	*कुल*
1901	9.83	0.60	5.35
1911	10.56	1.05	5.92
1921	12.21	1.81	7.16
1931	15.59	2.93	9.50
1941	24.90	7.30	16.10
1951	24.95	7.93	16.67
1961	34.44	12.95	24.02
1971	39.45	18.69	29.45
1981	56.50	29.85	43.67
1991	64.13	39.29	.52.11

स्रोत—'वार्षिक रिपोर्ट 1996-97' मानव संसाधन मंत्रालय, भारत सरकार।

नोट—वर्ष 1951, 1961 तथा 1971 की साक्षरता दर का संबंध पाँच वर्ष तथा इससे ऊपर आयु से है। 1981 तथा 1991 के आँकड़ों में साक्षरता दर सात वर्ष तथा इससे ऊपर आयुवाले व्यक्तियों से है।

तालिका 10.6

भारत में राज्यवार साक्षरों तथा निरक्षरों की संख्या (1931-1941)

(,000 में)

राज्य	1931					1932 से 1941			1941
	कुल जनसंख्या	साक्षर संख्या	साक्षर प्रतिशत	निरक्षर संख्या	बढ़े हुए निरक्षरों की संख्या	साक्षरता में बढ़ोतरी	साक्षरता दर	निरक्षरों में बढ़ोतरी	कुल निरक्षर
बंबई	17,992	1,774	9.5	16,218	2,866	2,294	19.5	572	16,790
मद्रास	46,740	4,320	9.3	42,420	2,602	2,101	13.0	501	42,921
बंगाल	50,114	4,694	9.4	45,420	10,200	5,026	16.1	5,174	50,594
बिहार	32,371	1,344	4.2	31,027	3,969	1,996	9.2	1,973	33,000
उड़ीसा	5,306	539	10.2	4,767	3,423	409	10.9	3,014	7,781
उत्तर प्रदेश	48,409	2,260	4.8	46,149	6,312	2,393	8.5	3,919	50,068
मध्य प्रदेश	14,667	868	5.9	13,799	2,155	1,042	11.3	1,113	14,912
एन.डब्ल्यू.एफ.	2,425	100	4.1	2,325	613	134	7.7	479	2,804
पंजाब	23,581	1,248	5.3	22,333	4,838	2,418	12.9	2,420	24,753
सिंध	3,887	230	5.9	3,657	650	244	10.5	406	4,063

असम	8,622	666	7.7	7,956	1,583	508	11.5	1,075	9,031
ट्रावनकोर	5,096	1,218	23.9	3,878	974	1,176	47.7	202	3,676
कोचीन	1,205	339	28.1	866	218	165	35.4	53	919
बड़ोदा	2,443	435	17.7	2,008	412	222	23.0	190	2,198
ग्वालियर	3,523	141	4.4	3,382	469	156	7.4	313	3,695
हैदराबाद	14,436	596	4.1	13,840	1,748	515	6.9	1,233	15,073
कश्मीर	3,646	124	3.4	3,422	375	140	6.5	235	3,757
मैसूर	6,557	594	9.1	5,963	772	320	12.2	470	6,433
भारत	**3,38,170**	**23,493**	**7.0**	**3,14,677**	**50,630**	**23,830**	**12.2**	**26,800**	**3,41,477**

तालिका–10.7

भारत में राज्यों के बीच साक्षरता दरें (1951 से 1971)

क्र. राज्य/संघराज्य क्षेत्र	1951			1961			1971		
	कुल	पुरुष	महिला	कुल	पुरुष	महिला	कुल	पुरुष	महिला
1. आंध्र प्रदेश	13.1	19.7	6.5	21.2	30.2	12.0	24.6	33.2	15.8
2. बिहार	12.2	20.5	3.8	18.4	29.8	6.9	19.9	30.6	8.7
3. गुजरात	23.1	32.3	13.5	30.5	41.1	19.1	35.8	46.1	24.8
4. जम्मू व कश्मीर	16.6	24.9	7.9	11.0	17.0	4.3	18.6	26.8	9.3
5. कर्नाटक	19.3	29.1	9.2	25.4	36.1	14.2	31.5	41.6	21
6. केरल	40.7	50.2	31.5	46.8	55.0	38.8	60.4	67.6	54.3
7. मध्य प्रदेश	9.8	16.2	3.2	17.1	27.0	6.7	22.1	32.7	10.9
8. महाराष्ट्र	20.9	31.4	9.7	29.8	42.0	16.8	39.2	51.0	26.4
9. उड़ीसा	15.8	27.3	4.5	21.7	34.7	8.6	26.2	38.3	13.9
10. पंजाब	15.2	21.0	8.5	24.2	33.0	14.1	33.7	40.4	25.9
11. राजस्थान	8.9	14.4	3.0	15.2	23.7	5.8	19.1	29.7	8.5
12. तमिलनाडु	20.8	31.7	10.0	31.4	44.5	18.2	39.5	51.8	26.9
13. उत्तर प्रदेश	10.8	17.4	3.6	17.6	27.3	7.0	21.7	31.5	10.6
14. पश्चिम बंगाल	24.0	34.2	12.2	29.3	40.1	17.0	33.2	41.8	22.4
भारत	16.7	24.9	7.9	24.0	34.4	12.9	29.5	39.5	18.7

तालिका–10.8

भारत में साक्षरता का विकास : साक्षर महिलाओं की संख्या (1901 से 1971)

(प्रति 1000 पुरुष)

वर्ष	*कुल साक्षर पुरुष*	*पुरुष साक्षरता कुल संख्या का %*	*कुल साक्षर महिलाएँ*	*महिला साक्षरता दर, कुल संख्या का %*	*साक्षर महिलाएँ*
1901	14,690,080	9.83	996,341	0.69	68
1911	16,938,815	10.56	1,600,763	1.05	94
1921	19,841,438	12.21	2,782,213	1.81	140
1931	23,969,751	15.59	4,169,105	2.93	132
1951	45,610,431	24.95	13,650,683	7.93	299
1961	77,939,833	34.44	27,578,928	12.95	354
1971	111,911,000	39.51	48,699,191	18.44	435

तालिका–10.9

लिंगवार निरक्षरों की संख्या (1951–71)

जनगणना वर्ष	*निरक्षर पुरुषों की संख्या*	*निरक्षर महिलाओं की संख्या*
1950–51	139,918,031	161,908,945
1960–61	148,206,268	185,211,889
1970–71	172,025,614	215,314,004

तालिका–10.10

सामान्य, अनुसूचित जाति तथा अनुसूचित जनजाति साक्षरता दर (1991)

क्र.	राज्य/संघराज्य क्षेत्र	सामान्य			अनुसूचित जाति			अनुसूचित जनजाति		
		कुल	पुरुष	महिला	कुल	पुरुष	महिला	कुल	पुरुष	महिला
1.	आंध्र प्रदेश	44.09	55.13	32.72	31.59	41.88	20.92	17.16	25.25	8.68
2.	अरुणाचल प्रदेश	41.59	51.42	29.69	57.27	66.25	41.42	34.45	44	24.94
3.	असम	52.89	61.87	43.03	53.94	63.88	42.99	49.16	58.93	38.98
4.	बिहार	38.48	52.49	22.89	19.49	30.64	7.07	26.78	38.4	14.75
5.	गोवा	75.51	83.64	67.09	58.73	69.55	47.51	42.91	54.43	29.01
6.	गुजरात	61.29	73.13	48.64	61.07	75.47	45.54	36.45	48.25	24.2
7.	हरियाणा	55.85	69.1	40.47	39.22	52.06	24.15	—	—	—
8.	हिमाचल प्रद्रेश	63.86	75.36	52.17	53.2	64.98	41.02	47.09	62.74	31.18
9.	जम्मू व कश्मीर	—	—	—	—	—	—	—	—	—
10.	कर्नाटक	56.04	67.26	44.34	38.06	49.69	25.95	36.01	47.95	23.57
11.	केरल	89.81	93.62	86.17	79.66	85.22	74.31	57.22	63.38	51.07
12.	मध्य प्रदेश	44.2	58.42	28.85	35.08	50.51	18.11	21.54	32.16	10.73
13.	महाराष्ट्र	64.87	76.56	52.32	56.46	70.45	41.59	36.79	49.09	24.03
14.	मणिपुर	59.89	71.63	47.6	56.44	65.28	47.41	53.63	62.39	44.48
15.	मेघालय	49.1	53.12	44.85	44.27	54.56	31.19	46.71	49.78	43.63

16. मिजोरम	82.27	85.61	78.6	77.92	77.54	81.25	82.71	86.66	78.7
17. नागालैंड	61.65	67.62	54.75	—	—	—	60.59	66.27	54.51
18. उड़ीसा	49.09	63.09	34.68	36.78	52.42	20.74	22.31	34.44	10.21
19. पंजाब	58.51	65.66	50.41	41.09	49.82	31.03	—	—	—
20. राजस्थान	38.55	54.99	20.44	26.29	42.38	8.31	19.44	33.29	4.42
21. सिक्किम	56.94	65.74	46.69	51.03	58.69	42.77	59.01	66.8	50.37
22. तमिलनाडु	62.66	73.75	51.33	46.74	58.36	34.89	27.89	35.25	20.23
23. त्रिपुरा	60.44	70.58	49.65	56.66	67.25	45.45	40.37	52.88	27.34
24. उत्तर प्रदेश	41.6	55.73	25.31	26.85	40.8	10.69	35.7	49.95	19.86
25. पश्चिम बंगाल	57.7	67.81	46.56	42.21	54.55	28.87	27.78	40.07	14.98
26. अंडमान व निकोबार द्वीपसमूह	73.02	78.99	65.46	—	—	—	56.62	64.16	48.74
27. चंडीगढ़	77.81	82.04	72.34	55.44	64.74	43.54	—	—	—
28. दादर व नगर हवेली	40.71	53.56	26.98	77.64	88.03	66.61	28.21	40.75	15.94
29. दमन और दीव	71.2	82.66	59.4	79.18	91.85	67.62	52.91	63.58	41.49
30. दिल्ली	75.29	82.01	66.99	57.60	68.77	43.82	—	—	—
31. लक्षद्वीप	81.78	90.18	72.89	—	—	—	80.58	89.50	71.72
32. पांडिचेरी	74.74	83.68	65.63	56.26	66.10	46.28	—	—	—
भारत	52.21	64.13	39.29	37.41	49.91	23.76	29.6	40.65	18.19

जम्मू-कश्मीर में 1991 में जनगणना नहीं हुई।

तालिका–10.11

अनुसूचित जाति साक्षरता दर 1991 : जनगणना (ऊपर से नीचे)

क्र.	*राज्य/संघीय क्षेत्र*	*अनुसूचित जाति* साक्षरता दर
1.	केरल	79.66
2.	दमन और दीव	79.18
3.	मिजोरम	77.92
4.	दादर व नगर हवेली	77.64
5.	गुजरात	61.07
6.	गोवा	58.73
7.	दिल्ली	57.6
8.	अरुणाचल प्रदेश	57.27
9.	त्रिपुरा	56.66
10.	महाराष्ट्र	56.46
11.	मणिपुर	56.44
12.	पांडिचेरी	56.26
13.	चंडीगढ़	55.44
14.	असम	53.94
15.	हिमाचल प्रदेश	53.2
16.	सिक्किम	51.03
17.	तमिलनाडु	46.74
18.	मेघालय	44.27
19.	पश्चिम बंगाल	42.21
20.	पंजाब	41.09
21.	हरियाणा	39.22
22.	कर्नाटक	38.06
23.	उड़ीसा	36.78
24.	मध्य प्रदेश	35.08
25.	आंध्र प्रदेश	31.59
26.	उत्तर प्रदेश	26.85

27.	राजस्थान	26.29
28.	बिहार	19.49
29.	जम्मू व कश्मीर**	——
30.	नागालैंड*	——
31.	अंडमान व निकोबार द्वीपसमूह*	——
32.	लक्षद्वीप*	——
	भारत	37.41

* अनुसूचित जातियाँ नहीं हैं।

** जम्मू तथा कश्मीर में जनगणना नहीं हुई।

तालिका–10.12

अनुसूचित जनजाति साक्षरता दर 1991 : जनगणना (ऊपर से नीचे)

क्र.	*राज्य/संघीय क्षेत्र*	*अनुसूचित जनजाति साक्षरता दर*
1.	मिजोरम	82.71
2.	लक्षद्वीप	80.58
3.	नागालैंड	60.59
4.	सिक्किम	59.01
5.	केरल	57.22
6.	अंडमान व निकोबार द्वीपसमूह	56.62
7.	मणिपुर	53.63
8.	दमन और दीव	52.91
9.	असम	49.16
10.	हिमाचल प्रदेश	47.09
11.	मेघालय	46.71
12.	गोवा	42.91
13.	त्रिपुरा	40.37
14.	महाराष्ट्र	36.79
15.	गुजरात	36.45

16.	कर्नाटक	36.01
17.	उत्तर प्रदेश	35.7
18.	अरुणाचल प्रदेश	34.45
19.	दादर व नगर हवेली	28.21
20.	तमिलनाडु	27.89
21.	पश्चिम बंगाल	27.78
22.	बिहार	26.78
23.	मध्य प्रदेश	21.54
24.	उड़ीसा	22.31
25.	राजस्थान	19.44
26.	आंध्र प्रदेश	17.16
27.	हरियाणा*	——
28.	पंजाब*	——
29.	चंडीगढ़*	——
30.	दिल्ली*	——
31.	पांडिचेरी*	——
32.	जम्मू व कश्मीर**	——
	भारत	29.6

* जनजाति आबादी नहीं है।

** जम्मू तथा कश्मीर में जनगणना नहीं हुई।

तालिका-10.13

राज्यवार आठवीं योजना में प्रौढ़ शिक्षा के प्रावधान (1992-97)

(रु. करोड़ में)

क्र.	*राज्य*	*प्रावधान*
1.	आंध्र प्रदेश	17.12
2.	अरुणाचल प्रदेश	2.79
3.	असम	18.36
4.	बिहार	60.34

5.	गोवा	1.11
6.	गुजरात	22.47
7.	हरियाणा	6.40
8.	हिमाचल प्रदेश	1.77
9.	जम्मू व कश्मीर	7.16
10.	कर्नाटक	18.70
11.	केरल	0.77
12.	मध्य प्रदेश	19.84
13.	महाराष्ट्र	22.00
14.	मणिपुर	2.05
15.	मेघालय	3.37
16.	मिजोरम	1.25
17.	नागालैंड	0.72
18.	उड़ीसा	44.91
19.	पंजाब	10.80
20.	राजस्थान	30.50
21.	सिक्किम	0.68
22.	तमिलनाडु	40.0
23.	त्रिपुरा	2.34
24.	उत्तर प्रदेश	24.26
25.	पश्चिम बंगाल	26.72
26.	अंडमान व निकोबार द्वीपसमूह	0.34
27.	चंडीगढ़	0.53
28.	दादर व नगर हवेली	0.06
29.	दमन और दीव	0.15
30.	दिल्ली	6.37
31.	लक्षद्वीप	0.16
32.	पांडिचेरी	0.40
	सभी राज्य तथा संघीय क्षेत्र	394.44
	केंद्र	1400.00
	कुल (केंद्र तथा राज्य)	1794.44

तालिका–10.14

प्रौढ़ शिक्षा पर योजना तथा गैर योजना खर्च (1950–51 से 1998–99)

वर्ष	*राज्य सरकारें तथा संघीय क्षेत्र*	*केंद्र*	*कुल व्यय (रु. लाख में)*
1951–52	324.65	17.07	341.72
1952–53	344.13	13.78	357.91
1953–54	333.06	13.05	346.11
1954–55	341.74	17.38	359.12
1955–56	362.96	19.95	382.91
कुल	**1706.54**	**81.23**	**1787.77**
1956–57	437.74	24.14	461.88
1957–58	589.34	82.24	671.58
1958–59	728.22	113.20	841.42
1959–60	914.40	23.20	937.60
1960–61	1176.38	25.07	1201.45
कुल	**3846.08**	**267.85**	**4113.93**
1961–62	1272.07	23.67	1295.74
1962–63	1348.47	23.94	1372.41
1963–64	1513.09	5.71	1518.80
1964–65	1293.27	1.43	1294.70
1965–66	1311.01	1.56	1312.57
कुल	**6737.91**	**56.31**	**6794.22**
1966–67	1442.87	4.54	1447.41
1967–68	1592.27	7.77	1600.04
1968–69	1663.95	——	1663.95
कुल	**4699.09**	**12.31**	**4711.40**
1969–70	1792.05	——	1792.05
1970–71	1988.56	——	1988.56
1971–72	2019.96	——	2019.96
1972–73	887.15	——	887.15

1973–74	1138.35	228.00	1366.35
कुल	**7826.07**	**228.00**	**8054.07**
1974–75	942.01	287.00	1229.01
1975–76	1118.48	361.00	1479.48
1976–77	1268.58	398.00	1666.58
1977–78	416.39	456.00	872.39
1978–79	710.16	599.00	1309.16
कुल	**4455.62**	**2749.00**	**6556.62**
1979–80	1326.08	2404.12	3730.20
1980–81	1774.97	762.00	2536.97
1981–82	1965.99	1020.00	2985.99
1982–83	2133.42	1614.00	3747.42
1983–84	2662.09	2675.00	5337.09
कुल	**9862.55**	**8475.12**	**18337.67**
1984–85	3730.72	915.00	4645.72
1985–86	4583.28	4175.00	8758.28
1986–87	5579.32	4541.00	10120.32
1987–88	7576.08	5885.00	13461.08
1988–89	10774.88	8681.00	19455.88
कुल	**32244.28**	**24197.00**	**56441.28**
1989–90	12248.79	9100.00	21348.79
1990–91	13744.66	13570.00	27314.66
कुल	**25993.45**	**22670.00**	**48663.45**
1991–92	12453.12	10397.63	22850.75
1992–93	13108.67	11446.00	24554.67
1993–94	14458.65	18024.00	32482.65
1995–96	9667.00	23400.00	33067.00
1996–97	——	——	——
1997–98	8448.00	——	——
1998–99	9735.00	——	——

□

विश्व में प्रौढ़ शिक्षा : तुलनात्मक आँकड़े

संयुक्त राष्ट्र संघ तथा इससे जुड़ी हुई संस्थाएँ प्रौढ़ शिक्षा के क्षेत्र में महत्त्वपूर्ण कार्य कर रही हैं। समय-समय पर सम्मेलनों में प्रौढ़ शिक्षा पर संगोष्ठियों का आयोजन किया जाता है। प्रौढ़ शिक्षा के कार्यक्रमों के लिए तकनीकी तथा आर्थिक सहायता दी जा रही है। महत्त्वपूर्ण प्रकाशन प्रकाशित किए जाते हैं, जो प्रौढ़ शिक्षा के विभिन्न पक्षों पर जानकारी बढ़ाते हैं। प्रौढ़ शिक्षा संबंधी महत्त्वपूर्ण आँकड़े इकट्ठे किए जाते हैं।

इस अध्याय में यूनिसेफ द्वारा प्रकाशित पुस्तक 'दुनिया के बच्चों की स्थिति-1998' में से आँकड़े लिये गए हैं।

1. देशों में प्रौढ़ शिक्षा के विकास में बहुत अंतर पाया जाता है। एक ओर तो अनेक ऐसे देश हैं, जहाँ प्रौढ़ साक्षर दर 99 अथवा 100 है तो दूसरी ओर ऐसे देश भी हैं, जिनकी साक्षर दर 30 से भी कम है।

देश	*कुल साक्षरता*	*पुरुष साक्षरता*	*महिला साक्षरता*	*प्रति व्यक्ति जी.डी.पी. यू.एस. डॉलर*
नाइजर	14	21	7	220
बुर्किना फासो	19	30	9	220
नेपाल	28	41	14	200
भारत	52	66	38	340

अनेक देशों की पुरुष तथा महिला दर समान हैं, ये सभी विकसित देश हैं।

2. संसार के सबसे अधिक जनसंख्यावाले नौ देशों में लगभग 73 प्रतिशत निरक्षर रहते हैं तथा शेष देशों में केवल 27 प्रतिशत।

भारत में संसार के लगभग 30 प्रतिशत निरक्षर रहते हैं।

संयुक्त राष्ट्र संघ ने सन् 1990 को अंतरराष्ट्रीय साक्षरता वर्ष के रूप में मनाने की घोषणा की तथा प्रौढ़ों की निरक्षरता की समस्या के समाधान के लिए विश्व भर में साक्षरता अभियान चलाए।

यूनिसेफ द्वारा प्रकाशित 'राष्ट्रों की प्रगति-1977' से ज्ञात होता है कि इस समय विश्व में करीब चौदह करोड़ बच्चे स्कूल नहीं जाते और एक अरब से ऊपर वयस्क निरक्षर हैं, जिनमें दो-तिहाई महिलाएँ हैं।

तालिका-11.1

संसार में सबसे अधिक निरक्षरतावाले नौ देश : संसार के निरक्षरों का प्रतिशत

क्र.	*देश*	*कुल जनसंख्या (1996)*	*संसार के प्रौढ़ निरक्षरों का प्रतिशत (1996)*
1.	भारत	94.4 करोड़	30%
2.	चीन	123.2 करोड़	24%
3.	पाकिस्तान	14.0 करोड़	4.5%
4.	बँगलादेश	12.0 करोड़	4.4%
5.	नाइजीरिया	11.5 करोड़	3.0%
6.	इंडोनेशिया	20.0 करोड़	2.8%
7.	ब्राजील	16.1 करोड़	1.9%
8.	मिस्र	6.3 करोड़	1.7%
9.	मैक्सिको	9.3 करोड़	.7%
		जोड़	73%
		संसार के अन्य देश	27%
		कुल	100%

तालिका–11.2

देशों की प्रौढ़ शिक्षा दर (1980 तथा 1995)

क्र.	देश	कुल जनसंख्या (हजार में) 1996	प्रति व्यक्ति जी.एन.पी. (डॉलर) 1995	कुल वयस्क साक्षरता दर 1995	वयस्क निरक्षरता दर 1980 पुरुष	वयस्क निरक्षरता दर 1980 महिला	वयस्क निरक्षरता दर 1995 पुरुष	वयस्क निरक्षरता दर 1995 महिला
1.	अफगानिस्तान	20883	250	32	33	6	47	15
2.	अल्बानिया	301	670	--	--	--	--	--
3.	अल्जीरिया	28784	1600	62	55	24	74	49
4.	अंडोरा	71	c	--	--	--	--	--
5.	अंगोला	11185	410	42	16	7	56	29
6.	एंटीगुआ और बारबूडा	66	6980	95	--	--	--	--
7.	अर्जेंटीना	35219	8030	9	94	94	96	96
8.	अर्मेनिया	3638	730	100	--	--	100	99
9.	ऑस्ट्रेलिया	18057	18720	99	--	--	99	99
10.	ऑस्ट्रिया	8106	26890	99	--	--	99	99
11.	अजरबैजान	7594	480	100	--	--	100	99
12.	बहामास	284	11940	98	98	96	99	98

13.	बहरीन	570	7840	85	80	60	89	79
14.	बँगलादेश	120073	240	38	41	17	49	26
15.	बारबाडोस	261	6560	97	97	94	98	97
16.	बेलारूस	10318	2070	99	--	--	100	99
17.	बेल्जियम	10159	24710	99	99	93	99	99
18.	बेलीज	219	2630	80	--	--	70	70
19.	बेनिन	5563	370	37	28	10	49	26
20.	भूटान	1812	420	42	41	15	56	28
21.	बोलिविया	7593	800	83	81	59	91	76
22.	बोस्निया और हर्जेगोविना	3628	a	--	--	--	--	--
23.	बोत्सवाना	1484	3020	70	70	43	81	60
24.	ब्राजील	161087	3640	83	76	73	83	83
25.	ब्रूनेई दारेस्लाम	300	25160	88	86	66	93	83
26.	बुल्गारिया	8468	1330	98	--	--	99	98
27.	बुर्किना फासो	10780	230	19	19	4	30	9
28.	बुरुंडी	6221	160	35	37	12	49	23
29.	कंबोडिया	10273	270	65	74	23	80	53
30.	कैमरून	13560	650	63	59	30	75	52

31.	कनाडा	29680	19380	99	--	--	99	99
32.	केपवर्डे	396	960	72	64	38	81	64
33.	मध्य अफ्रीकी गणराज्य	3344	340	60	41	19	69	52
34.	चाड	6515	180	48	47	19	62	35
35.	चिली	14421	4160	95	92	91	95	95
36.	चीन	1232083	620	82	79	53	90	73
37.	कोलंबिया	36444	1910	91	87	87	91	91
38.	कोमोरोस	532	470	57	56	40	64	50
39.	काँगो	2666	680	75	65	40	83	67
40.	काँगो लोक. गणराज्य	46812	120	77	75	45	87	68
41.	कुकआइलैंड	19	1550	99	--	--	--	99
42.	कोस्टा रिका	3500	2610	95	92	91	95	95
43.	आइवरी कोस्ट	14015	660	40	34	14	50	30
44.	क्रोएशिया	4501	3250	98	--	--	98	97
45.	क्यूबा	11018	1170	96	91	87	96	95
46.	साइप्रस	756	10260	94	--	--	98	94
47.	चेक गणराज्य	10251	3870	--	--	--	--	--
48.	डेनमार्क	5237	29890	99	--	--	99	99

49.	जिबूती	617	780	46	45	18	60	33
50.	डोमिनिका	71	2990	--	--	--	--	--
51.	डोमिनिकन गणराज्य	7961	1460	82	75	74	82	82
52.	इक्वेडोर	11699	1390	90	86	79	92	88
53.	मिस्र	63271	790	51	54	26	64	39
54.	अल सल्वाडोर	5796	1610	72	66	60	74	70
55.	इक्वेटोरियल गिनी	410	380	79	77	45	90	68
56.	इरिट्रिया	380	100	--	--	--	--	--
57.	एस्टोनिया	1471	2860	98	--	--	98	98
58.	इथियोपिया	58243	100	36	32	14	46	25
59.	फिजी	797	2240	92	87	79	94	89
60.	फिनलैंड	5126	20580	99	--	--	99	99
61.	फ्रांस	58333	24990	99	99	98	99	99
62.	गैबोन	1106	3490	63	54	28	74	53
63.	जांबिया	1141	320	39	37	13	53	25
64.	जार्जिया	5442	440	99	--	--	100	99
65.	जर्मनी	81922	27510	99	--	--	99	99
66.	घाना	17832	390	65	59	31	76	54

67.	ग्रीस	10490	8210	97	93	76	98	95
68.	ग्रेनाडा	92	2980	96	--	--	--	--
69.	ग्वाटेमाला	10928	1340	58	56	41	63	49
70.	गिनी	7518	553	36	34	11	50	22
71.	गिनी बिसाऊ	1091	250	55	53	26	68	43
72.	गुयाना	838	593	98	96	93	99	98
73.	हाइति	7259	250	45	36	29	48	42
74.	होली सी	1	--	--	--	--	--	--
75.	होंडुरास	5816	600	73	64	61	73	73
76.	हंगरी	10049	4120	99	98	98	99	99
77.	आइसलैंड	271	24950	--	--	--	--	--
78.	**भारत**	**944580**	**340**	**52**	**55**	**25**	**66**	**38**
79.	इंडोनेशिया	200453	930	84	78	58	90	78
80.	ईरान	69975	1033	69	61	37	78	59
81.	इराक	20607	1036	58	55	25	71	45
82.	आयरलैंड	3554	14710	99	--	--	99	99
83.	इस्राइल	5664	1	77	93	83	97	93
84.	इटली	57226	19020	98	95	92	99	98

85.	जमाइका	2491	1510	85	73	81	81	89
86.	जापान	125351	39640	99	100	99	99	99
87.	जॉर्डन	5581	1510	87	82	54	93	79
88.	कजाकिस्तान	16820	1330	100	--	--	100	99
89.	केन्या	27799	280	78	72	44	86	70
90.	किरिबाती	80	920	93	--	--	--	92
91.	कोरिया लोक. जन. गण.	22466	970	--	--	--	--	--
92.	कोरिया गणराज्य	45314	9700	98	97	90	99	97
93.	कुवैत	1687	17390	79	73	59	82	75
94.	किर्गिस्तान	4469	702	97	--	--	99	95
95.	लाओस जन. लोक. गण.	5035	350	57	56	28	69	44
96.	लातविया	2504	2270	100	--	--	100	100
97.	लेबनान	3084	2660	92	91	82	95	90
98.	लेसोथो	2078	770	71	71	45	81	62
99.	लाइबेरिया	2245	490	38	38	11	54	22
100.	लीबिया	5593	5540	76	73	31	88	63
101.	लिचटेनस्टीन	31	c	100	--	--	100	100
102.	लिथुआनिया	3728	1900	99	--	--	100	99

103.	लक्जेमबर्ग	412	41210	--	--	--	--	--
104.	मेडागास्कर	15353	230	46	56	43	60	32
105.	मलावी	9845	170	56	64	28	72	42
106.	मलेशिया	20581	3890	84	80	60	89	78
107.	मालदीव	263	990	93	91	89	93	93
108.	माले	11134	250	31	20	9	39	23
109.	माल्टा	369	7910	91	--	--	91	92
110.	मार्शल आइलैंड्स	57	1680	91	--	--	--	90
111.	मॉरीतानिया	2333	460	38	41	19	50	26
112.	मॉरीशस	1129	3380	83	82	67	87	79
113.	मैक्सिको	92718	3320	90	86	80	92	87
114.	माइक्रोनेशिया संघीय राज्य	126	2010	81	--	--	--	79
115.	मालडोवा गणराज्य	4444	920	99	--	--	98	99
116.	मोनाको	32	--	--	--	--	--	--
117.	मंगोलिया	2515	310	83	82	63	89	77
118.	मोरक्को	27021	1110	44	42	16	57	31
119.	मोजांबिक	17796	80	40	44	12	58	23
120.	म्याँमार (बर्मा)	45922	220	83	86	68	89	78

121.	नामीबिया	1575	2000	76	--	--	78	74
122.	नाऊरू	11	--	--	--	--	--	--
123.	नेपाल	22021	200	28	31	7	41	14
124.	नीदरलैंड्स	15575	24000	99	--	--	99	99
125.	न्यूजीलैंड	3602	14340	--	--	--	--	--
126.	निकारागुआ	4238	380	66	61	61	65	67
127.	नाइजर	9465	220	14	14	3	21	7
128.	नाइजीरिया	115020	260	57	7	23	67	47
129.	नीयू	2	--	99	--	--	--	99
130.	नॉर्वे	4348	31250	99	--	--	99	99
131.	ओमान	2302	4820	59	--	--	71	46
132.	पाकिस्तान	139973	460	38	88	15	50	24
133.	पलाऊ	17	790	98	--	--	--	97
134.	पनामा	2677	2750	91	86	85	91	90
135.	पापुआ न्यू गिनी	4400	1160	72	70	45	81	63
136.	पराग्वे	4957	1690	92	90	84	94	91
137.	पेरू	23944	2310	89	89	71	95	83
138.	फिलीपींस	69282	1050	95	91	89	95	94

139.	पोलैंड	38601	279071	99	99	97	99	98
140.	पुर्तगाल	9808	9740	90	78	65	92	87
141.	कतर	558	11600	79	72	65	79	80
142.	रोमानिया	22655	1480	98	98	93	99	97
143.	रूसी परिसंघ	148126	2240	99	--	--	100	99
144.	रवांडा	5397	180	61	55	30	70	52
145.	सेंट किट्स और नेविस	41	5170	90	--	--	--	--
146.	सेंट लुसिआ	18	0	71	--	--	--	--
147.	सेंट विंसन ग्रेनेडिंस	113	2280	82	--	--	--	--
148.	समोआ	16	1120	98	--	--	--	98
149.	सान मारिनो	25	--	--	--	--	--	--
150.	साओ तोमे और प्रिंसिप	135	350	57	--	--	73	42
151.	सऊदी अरब	18836	7040	63	60	32	72	50
152.	सेनेगल	8532	600	33	31	12	43	23
153.	सेशेल्स	74	6620	84	--	--	83	86
154.	सिएरा लिओन	4297	180	31	30	9	45	18
155.	सिंगापुर	3384	26730	91	92	74	96	86
156.	स्लोवाकिया	5347	2950	--	--	--	--	--

157.	स्लोवेनिया	1924	8200	99	--	--	100	99
158.	सोलोमन आइलैंड	391	910	62	--	--	--	56
159.	सोमालिया	9822	110	24	8	1	36	14
160.	दक्षिण अफ्रीका	42393	3160	82	77	75	82	82
161.	स्पेन	39674	13580	97	94	86	98	96
162.	श्रीलंका	18100	700	90	91	80	93	87
163.	सूडान	27291	310	46	43	17	58	35
164.	सूरीनाम	432	880	93	92	84	95	91
165.	स्वाजीलैंड	881	1170	77	64	57	78	76
166.	स्वीडन	8819	23750	99	--	--	99	99
167.	स्विट्जरलैंड	7224	40630	99	--	--	99	99
168.	सीरिया	14574	1120	71	72	34	86	56
169.	ताजिकिस्तान	5935	340	100	--	--	100	100
170.	तंजानिया	30799	120	68	66	34	79	57
171.	टीएफवाईआर मैसेडोनिया	2174	860	--	--	--	--	--
172.	थाईलैंड	58703	2740	94	92	84	96	92
173.	टोगो	4201	310	52	49	18	67	37
174.	टोंगा	98	1630	99	--	--	--	99

175.	त्रिनिदाद और टोबैगो	1297	3770	98	97	93	99	97
176.	ट्यूनिशिया	9156	1820	67	61	32	79	55
177.	तुर्की	61797	2780	82	81	50	92	72
178.	तुर्कमेनिस्तान	4155	920	98	--	--	99	97
179.	तुवालू	10	650	99	--	--	--	--
180.	उगांडा	20256	240	62	62	32	74	50
181.	यूक्रेन	51608	1630	99	--	--	98	99
182.	संयुक्त अरब अमीरात	2260	17400	79	72	64	79	80
183.	यूनाइटेड किंगडम	58144	18700	99	--	--	99	99
184.	अमरीका	269444	26980	99	99	99	99	99
185.	उरुग्वे	3204	5170	97	94	95	97	98
186.	उजबेकिस्तान	23209	970	100	--	--	100	100
187.	वानूआतू	174	1200	64	--	--	--	60
188.	वेनेजुएला	22311	3020	91	86	82	92	90
189.	वियतनाम	15181	240	94	90	78	97	91
190.	यमन	15678	260	33	14	3	53	26
191.	युगोस्लाविया संघीय गण.	10294	b	98	--	--	99	97
192.	जांबिया	8275	400	78	65	43	86	71
193.	जिंबाब्वे	11439	540	85	83	68	90	80

क्षेत्रीय सारांश

1.	उप सहारीय अफ्रीका	576069	501	57	51	30	66	47
2.	मध्य, पूर्व और उत्तर अफ्रीका	318201	1710	59	55	27	70	47
3.	दक्षिण एशिया	1267705	345	49	52	24	63	36
4.	पूर्व एशिया और प्रशांत	1797840	1043	84	80	58	91	76
5.	लैटिन अमरीका और कैरेबियन	479139	3271	87	82	77	88	85
6.	सीईई/सीआईएस और बाल्टिक देश	474657	2086	97	92	81	98	96
7.	औद्योगिक देश	838679	25926	98	98	96	98	96
8.	विकासशील देश	4577675	1101	71	69	46	79	62
9.	सबसे कम विकसित देश	594510	220	48	47	24	60	38
	विश्व	**5752290**	**4812**	**75**	**74**	**56**	**81**	**66**

संकेतकों की परिभाषाएँ

1. **प्रति व्यक्ति जी.एन.पी.**—जी.एन.पी. यानी सकल राष्ट्रीय उत्पाद सभी निवासी उत्पादकों द्वारा जोड़े गए कुल मूल्य और उत्पादन के मूल्यांकन में न शामिल करो, अप्रवासी स्रोतों से प्राप्त कुल प्राथमिक आय का कुल योग हैं। प्रति व्यक्ति जी.एन.पी. का आकलन विश्व बैंक एटलस तरीके से सकल राष्ट्रीय उत्पादकों अमरीकी डॉलर में बदलकर मध्य वर्ष आबादी से विभाजित करके किया जाता है।
2. **वयस्क साक्षरता दर**—पंद्रह वर्ष और उससे ऊपर के उन व्यक्तियों का प्रतिशत, जो पढ़-लिख सकते हैं।

टिप्पणी—ए : 765 डॉलर; बी : 765 से 3035 डॉलर; सी : 9386 डॉलर या अधिक।

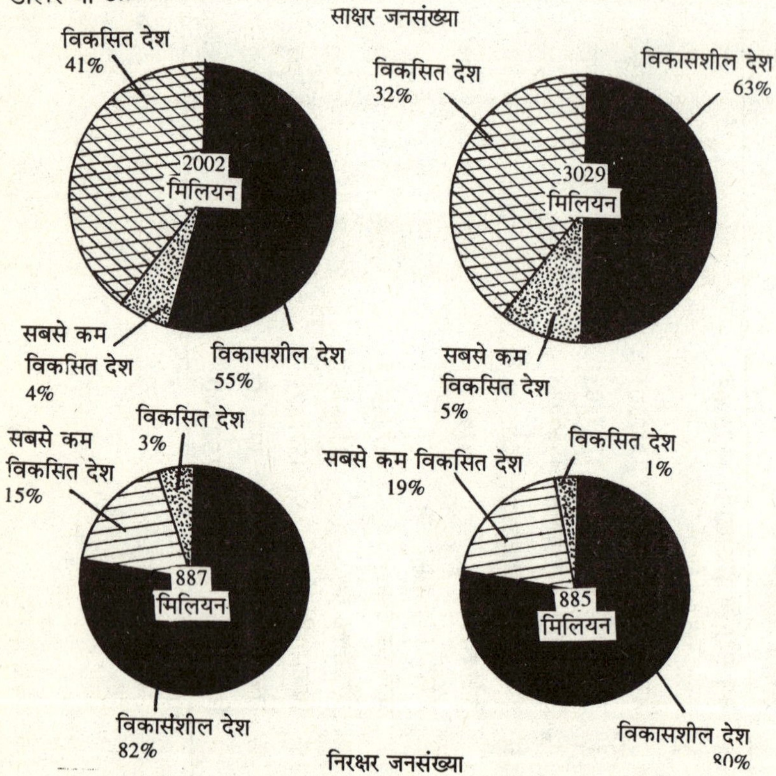

चित्र-11.1 : संसार में साक्षर तथा निरक्षर जनसंख्या (1980–1991)

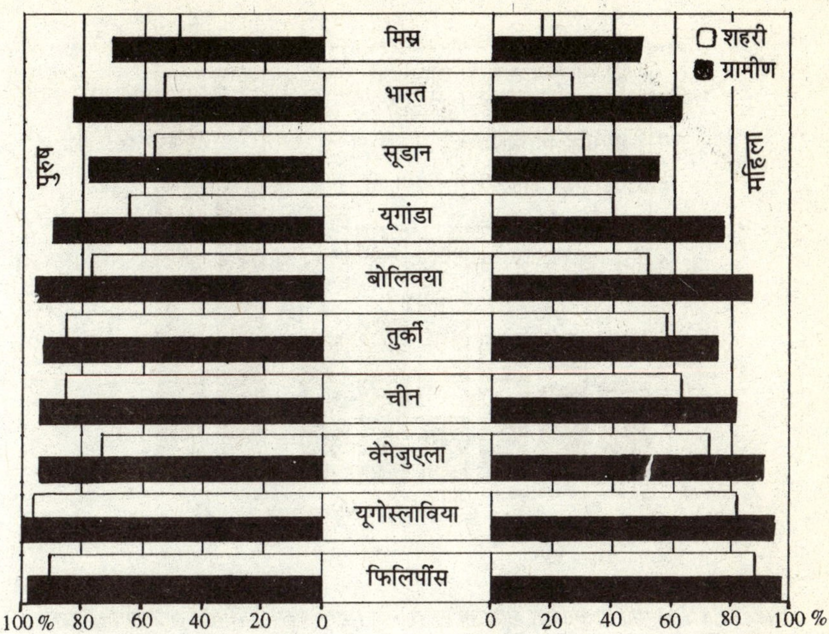

चित्र-11.2 : प्रौढ़ साक्षरता दर (आयु 15 $^+$) : शहरी-ग्रामीण तथा लिंगवार : कुछ चुने हुए देश

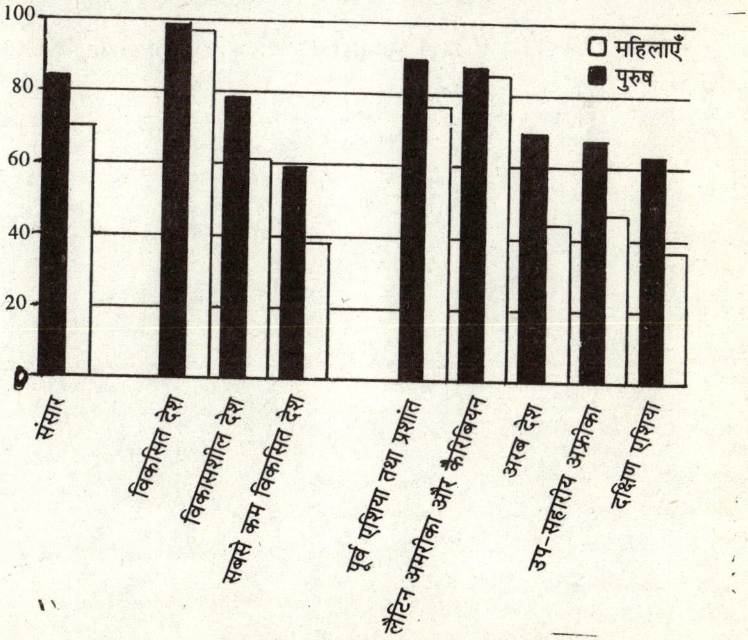

चित्र-11.3 : क्षेत्रीय तथा लिंग अनुसार प्रौढ़ साक्षरता दर (1995)

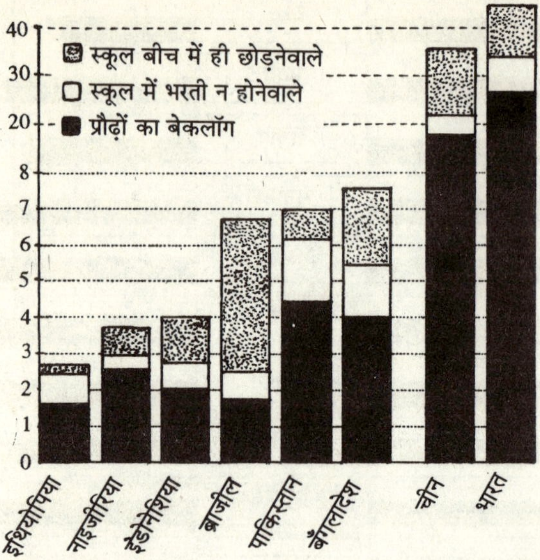

चित्र-11.4 : अनुमानित वार्षिक साक्षरता लक्ष्य : चुने हुए सबसे अधिक निरक्षरतावाले देश : 15 वर्ष से ऊपर (मिलियन में) 1990-2000

स्रोत— चित्र-11.1 से 11.4 'Adult Education in a Polarizing World—UNESCO 1997'.

परिशिष्ट

सार्क (SAARC) प्रौढ़ साक्षरता दर (1995)

क्र.	देश	प्रति व्यक्ति जी.एन.पी. अमरीकी डॉलर	कुल साक्षरता दर	पुरुष साक्षरता दर	महिला साक्षरता दर
1.	बँगलादेश	240	38	49	26
2.	भूटान	420	42	56	28
3.	भारत	340	52	66	38
4.	मालदीव	990	93	93	93
5.	नेपाल	200	28	41	14
6.	पाकिस्तान	460	38	50	24
7.	श्रीलंका	700	90	93	87

□□□